LE

CONSEIL GÉNÉRAL

DU

DÉPARTEMENT DE LA SEINE

LE
CONSEIL MUNICIPAL

DE PARIS

**PORTRAITS ET BIOGRAPHIES DES QUATRE-VINGTS CONSEILLERS
ET DU PRÉFET DE LA SEINE**

PRÉCÉDÉS DU PLAN DE LA SALLE DES SÉANCES

PAR

ADOLPHE PARIA

1871

M. LÉON SAY

PRÉFET DE LA SEINE

———◦◦●◦◦———

Il y avait beaucoup de compétiteurs au poste de préfet de la Seine. Pour ces fonctions importantes et délicates, il fallait un administrateur ; ce fut, chose à noter, un administrateur qui les obtint, l'administrateur du chemin de fer du Nord, M. Jean-Baptiste-Léon Say, en même temps écrivain de talent.

M. Léon Say est né en 1826; partant, il a quarante-cinq ans, âge de la maturité de l'esprit.

Noblesse oblige : fils d'Horace Say, petit-fils de Jean-Baptiste Say, il devait naturellement suivre les traditions de sa famille et s'occuper d'économie politique.

Aussi le trouvons-nous travaillant assidûment au *Journal des Economistes*, à l'*Annuaire de l'Economie politique*, publiant une *Histoire de la Caisse d'escompte de 1848*, des articles sur les compagnies d'assurances, sur les halles et marchés, sur la condition des soies, sur les monts-de-piété, et traitant encore de l'économie politique au *Journal des Débats*.

Il y a des chances, on le voit, pour qu'il fasse également... des économies à la préfecture ; ce q̶̶̶ d'ailleurs ne permet point d'en douter, c'est qu'̶̶̶ en fort bon ménage avec le Conseil munic̶̶̶ ̶̶̶ui

Bien avec les Conseillers municipaux, M̶̶̶ ̶̶il vit n'est pas en moins bonne odeur de s̶̶̶ ̶̶̶pal, ̶̶̶. Léon Say ̶̶̶ainteté auprès des Parisiens, si durs à M. Haussmann, et qui sont dûment édifiés sur ses éminentes qualités, ses vues justes et nettes, sa science profonde des matières financières.

C'est en mai 1869 que M. Léon Say se décida à entrer dans la vie politique. Il se porta candidat à la députation pour l'arrondissement de Pontoise. MM. Eugène Rendu et Lefebvre-Pontalis étaient ses concurrents.

Il échoua ; aux élections dernières, le département de Seine-et-Oise eut à cœur de réparer cette faute, et le nomma dans deux arrondissements. Il fut en même temps élu à Paris, le trente-quatrième, par 76,675 voix.

Ce ne sont pas seulement les études sérieuses et spéciales auxquelles s'est livré M. Léon Say, mais encore l'indépendance que lui assure sa fortune, et surtout sa probité et son patriotisme, qui permettent d'espérer qu'il remplira avec succès les hautes fonctions dont il est investi.

M. Léon Say a été, nous l'avons dit, à bonne école. Pour n'en citer qu'un exemple, disons que son grand père, le célèbre économiste, ayant été nommé tribun en 1799, s'aperçut bientôt des tendances absolutistes du nouveau gouvernement, et rompit avec lui. A ce sujet, il disait, quelques années après :

« Trop faible pour m'opposer à l'usurpation et ne voulant pas la servir, je dus m'interdire la tribune. Revêtant mes idées de formules générales, j'écrivis alors des vérités qui pussent être utiles en tout temps et dans tous les pays.

PLAN

DE LA

SALLE DU CONSEIL MUNICIPAL

| M. LE SECRÉTAIRE | M. LE PRÉSIDENT | M. LE SECRÉTAIRE |

M. LE PRÉFET

PAYMAL	M. BERNARD	RIANT		PIAT	LOISEAU PINSON	JOBBÉ-DUVAL
PUTEAUX	TRANCHANT	RONDELET		BRÉTON	VAUTHIER	BONVALET
GOUIN	FRÉMYN	BINDER		MALLET	CANTAGREL	ALLAIN-TARGÉ

CHRISTOFLE	MEUNIER	ADAM		FÉRRÉ	SÉRAPHIN	LOCKROY
SAGLIER	BOURUET AUBERTOT	LOISEAU		MURAT	DUPUY	CLÉMENCEAU
F. DEHAYNIN	DUBIEF	TRÉLAT		JACQUES	RANC	MOTTU

DELZANT	OHNET	CALLON		GILLE	DENIZOT	MARMOTTAN
JOUBERT	PERRIN	DESOUCHES		BAUDOUIN	COLLIN	MÉTIVIER
THOREL	LOUVET	THOMAS		GAVREL	COMBES	TOPART

7	BEUDANT	8	ALBERT DEHAYNIN	FÉROT	PRÉTET	LÉVEILLÉ	BRALERET
ARRAULT	DEPAUL					WATEL	RICHARD
		LELEUX	LECLERC	RAYNAL	RIGAUT		
MAUBLANC							CHEVALIER

| | BOUVERY | PRESTAT | LAVOCAT | FRÉBAULT | 1 | 2 | PERRINELLE | DUMAS | |

| 5 | 6 | 3 | 4 |

OBSERVATIONS

La droite et la gauche sont prises du fauteuil présidentiel, les centres se trouvent donc en face. Les premières places de droite et de gauche étaient marquées lorsqu'il a été décidé, en réunion préparatoire, que, toutes réserves faites, le choix des places ne comporterait aucune déclaration d'opinion politique.

Lors des séances du Conseil général, MM. les Conseillers cantonaux des arrondissements de Saint-Denis et Sceaux se placent comme suit :

1 HUNEBELLE.	5 HOUDART.
2 LESAGE.	6 CODUR.
3 BÉCLARD.	7 POMPÉE.
4 LITTRÉ.	8 SUEUR.

CONSEIL MUNICIPAL

DE PARIS

ÉLECTIONS DES 25 ET 30 JUILLET 1871

PRESTAT

(BENJAMIN-ALFRED)

Élu au 1er tour de scrutin

Grand, fort, gros, la figure pleine et l'air ouvert, tel se présente à vos yeux l'un des cinq notaires qui siégent au Conseil municipal.

Né à Paris, le 31 août 1821, M. Prestat fit ses études au lycée Charlemagne, lauréat au concours, il fit son droit et fut reçu licencié le 18 juin 1844.

Après avoir fait son stage, il succéda, en décembre 1850, à Mᵉ Labarbe, notaire démissionnaire en sa faveur.

De 1865 à 1870, il fut chef du 13ᵉ bataillon, et réélu à ce grade après le 4 septembre, reforma et refondit complétement la partie sédentaire et les compagnies de marche, avec lesquelles il prit part à la bataille de Montretout, et fut cité à l'ordre du jour.

Ex-secrétaire de la Chambre des notaires, il sort d'en être le syndic pendant trois ans, de 1868 à 1871.

M. Prestat est décoré de la Légion d'honneur, depuis le 13 août 1868, et il est membre de la commission chargée de faire le rapport sur le nouvel emprunt de la ville de Paris.

Au Conseil municipal, M. Prestat siége au centre gauche, entre MM. Bouvery et Lavocat, tous deux notaires aussi.

Condamné à mort par le Comité central comme chef de bataillon dissident, il fut prévenu avant, et n'eût que le temps de s'enfuir.

BOURUET-AUBERTOT

(HECTOR)

M. Bouruet-Aubertot, né à Paris le 25 octobre 1837, a fait ses études au lycée Condorcet (Bonaparte sous l'empire, Bourbon sous la monarchie) et en sortit en 1854 avec son diplôme de bachelier, pour entrer dans les affaires.

Après avoir longtemps partagé les travaux de son père, M. Bouruet-Aubertot lui succéda et fut pendant le siége capitaine de la 5e compagnie du 5e bataillon

Pendant la Commune, il était absent de Paris.

Aux élections du 8 février, M. Bouruet-Aubertot, jusque-là complétememt étranger à la politique, fut porté candidat par un comité et obtint l'imposante minorité de 50,153 voix.

Malgré cela, il ne se présenta pas, lors des élections complémentaires, aux suffrages des électeurs; mais ceux de son quartier, qu'il n'a jamais quitté, viennent avec juste raison de l'envoyer au Conseil municipal.

M. Bouruet-Aubertot, qui siége à droite, est parent de M. Chevreux-Aubertot, et de plus cousin issu de germain de M. Léon Say, préfet de la Seine.

ADAM

(DÉSIRÉ-ADOLPHE)

Élu au 1er tour de scrutin, par 2,872 voix sur 4,300 votants.

M. Adam, que l'on a prétendu à tort parent du célèbre compositeur, est le frère de M. Edmond Adam, le député de la Seine, et de M. Armand Adam, membre de la Ligue d'union républicaine des droits de Paris.

Il est né au Bec-Helloin (Eure), le 28 août 1818.

Après avoir fait ses études commerciales au collége de Rouen, il entra de très-bonne heure dans le commerce, et pendant trois ou quatre années il étudia la fabrication des draps et de la nouveauté dans une importante maison de Pont-Authou et d'Elbeuf.

Puis, il voyagea, pendant vingt années, à travers l'Europe pour une des premières maisons de Paris, sise 33, rue Croix-des-Petits-Champs.

Arrivé à Paris en 1836, il fonda, en 1852, au n° 23 de la même rue, une maison de draperie qui existe encore au même endroit, et qui est avantageusement connue sous le nom de Bartet et Adam.

Il réside donc depuis trente-cinq ans dans le quartier de la Banque.

Il fut élu adjoint du Ier arrondissement, le 7 novembre 1870, par le suffrage universel; nous n'avons pas besoin de dire que, comme tous ses collègues, il participa largement, pendant la guerre, à tous les travaux d'organisation de l'administration municipale.

Au 4 septembre, il appartenait au 12e bataillon de la garde nationale et ses camarades le choisirent pour faire partie du Conseil de famille de sa compagnie.

Il siégea dans la conférence des maires à la mairie du 1er arrondissement, signa la convention qui en résulta et demeura à son poste, jusqu'au 1er avril.

Élu le 28 mars par 7,000 suffrages, contre la liste du comité central, il se rendit à l'Hôtel-de-Ville, et se trouvant en face d'une Commune, alors qu'il savait n'avoir reçu, dans son esprit et celui de ses électeurs, qu'un mandat de conseiller municipal, il se retira sans attendre la fin de la séance.

Dans la nouvelle Assemblée, où il vient d'être appelé à siéger, il a choisi sa place, sans y attacher aucune signification politique, car ses opinions de républicain immuable l'appelaient plutôt à siéger à gauche.

M. Adolphe Adam a été élu second vice-président du Conseil municipal, par 54 voix sur 69.

BERNARD

(MARTIAL)

Élu au 1er tour de scrutin par 960 voix sur 1,579 votants.

Né à Paris dans l'appartement qu'il occupe encore aujourd'hui, rue de la Paix, n° 1 ; M. Martial Bernard est un des rares Parisiens qui jouissent du bonheur d'habiter les lieux qui les ont vu naître, après les époques d'Hausmannisation, d'invasion, de siége et de guerre civile que nous venons de traverser.

Joaillier - bijoutier, fabricant, il est à la tête d'une des plus anciennes maisons de Paris dans ce commerce ; il y a succédé à son père en 1846.

Son esprit d'initiative et d'ordre l'ayant appelé à la chambre syndicale des différents groupes de son industrie, il en a été élu vice-président et président de sa section.

Il est juge au tribunal de commerce de la Seine, depuis le 22 août 1869.

Pendant le siége, capitaine commandant d'une compagnie du 1er bataillon de la garde nationale, il a été délégué au commandement du bataillon sédentaire, après la formation des compagnies de marche. Il n'a par la suite déposé les armes que sur l'ordre général de l'amiral Saisset.

Aussi laborieux qu'actif, prompt à saisir ce qu'on veut lui exposer, M. Bernard, sans rien ôter à la lucidité de ses explications, est bref et concis, et traite les affaires avec la rapidité et l'absence de marchandage qui caractérisent le commerce anglais dont il semble avoir pris la devise : *Times is money.*

M. Martial Bernard a été élu par 58 voix sur 72 votants, le second des quatre secrétaires du Conseil municipal.

JOUBERT

(EDMOND)

Élu au 1º tour de scrutin.

Brun, à figure pleine, et portant toute la barbe dans laquelle commencent à briller quelques fils d'argent, M. Joubert, né à Paris, le 20 juillet 1831, est un homme absolument nouveau.

L'indépendance de son caractère et sa prédilection pour les matières de finance, l'ont tenu jusqu'à ce jour complétement à l'écart, lui ont fait éviter toute fonction, et demeurer étranger à la politique active. Après avoir fait ses études au lycée Saint-Louis, il entra dans les affaires en 1849, à l'âge de dix-huit ans.

En 1865, il s'adonna plus spécialement encore aux grandes entreprises financières, qui l'obligèrent de visiter longuement la France, l'Italie, l'Espagne et l'Autriche.

Fondateur de la *Banque de Paris*, en 1869, M. Joubert est administrateur du *Crédit foncier d'Autriche*, ainsi que des *Tabacs d'Italie*, dont, en 1868, il rédigea le contrat.

Quoique à peine âgé de quarante ans, M. Joubert a déjà prouvé, dans le Conseil même, de quelle utilité pourra être sa connaissance des affaires en matière de Banque, et Dieu sait si la pauvre Ville a besoin d'administrateurs connaissant leur sujet !

2

LOUVET

(EUGÈNE)

Élu au 1ᵉʳ tour de scrutin par 1,025 voix.

Grand, fort, les yeux bleus, brun avec d'épais favoris grisonnants; ce notable commerçant est né à Paris, le 19 décembre 1812. Après avoir fait ses études dans cette ville, il débuta, à vingt ans, dans le commerce des soieries, qu'il n'a jamais quitté, et entra chez son beau-frère, M. Mure, alors établi rue des Fossés-Montmartre. Il devint bientôt l'associé (en 1835), de celui chez lequel il était entré simple employé, et succéda, en 1849, à M. Mure, qui mourut frappé des événements de 1848.

M. Louvet a été élu, à l'unanimité, membre de la chambre syndicale des tissus, où il représente les soies depuis 1869.

Lors du siége de Paris, malgré ses 59 ans, M. Louvet s'engagea comme volontaire dans la 2ᵉ compagnie du 11ᵉ bataílon du 5ᵉ régiment de Paris.

Pendant la Commune, il lutta jusqu'au dernier moment avec les bataillons de l'ordre, et... mais ici nous laissons parler le *Journal de Paris :*

On a raconté de quelle manière la Banque a été reprise sur les insurgés. Nous recevons sur cette affaire de nouveaux détails que nos lecteurs liront sans doute avec plaisir. Ce n'était pas un officier de la ligne qui marchait en tête du bataillon qui a le premier occupé la Banque, mais bien deux gardes nationaux, M. Eugène Louvet et M. Auguste Michel. Ce dernier s'était rendu, le 24 mai, à sept heures du matin, à la place Vendôme pour demander une compagnie au général Douay. M. Eugène Louvet se joignit à M. Auguste Michel, et tous deux, à la tête d'une compagnie du 58e de ligne, se dirigèrent, au pas de course, vers la Banque de France par la rue Saint-Honoré.

M. Alheilig, associé de M. Louvet, conduisant une compagnie du 55e, arriva bientôt à son tour sur le lieu de l'action. Les deux compagnies réunies n'ont pas tardé à occuper tout le quartier.

Nous sommes heureux de reproduire ces détails et de rendre justice à d'utiles dévouements.

THOREL

(ERNEST.)

Élu au 1ᵉʳ tour de scrutin, par 1,699 voix.

M. Thorel est né à Paris, en 1815. Il habite le quartier du Mail depuis plus de quarante ans.

Admis, au concours, à l'Ecole de Mines en 1836, comme élève externe, il en sortit en 1839, ingénieur civil. Il voyagea alors à l'étranger et visita la France.

Officier de la garde nationale en 1848 et combattant de Juin, il fut secrétaire du comité des amis de la Constitution qui soutint énergiquement la candidature du général Cavaignac, à la Présidence de la République.

Il ne voulut pas accepter de fonctions municipales sous l'Empire, mais il prêta son actif concours à la mairie de son arrondissement.

Fondateur de la caisse des Ecoles en 1848, délégué cantonal pour l'inspection des Ecoles primaires du IIIᵉ arrondissement en 1850; membre de la commission d'hygiène depuis sa création, en 1852; il fut atteint de l'épidémie variolique de cette même année, dans l'exercice de ces fonctions. Jusqu'à ces derniers temps, il s'occupa des questions qui concernent l'instruction populaire.

Au mois de septembre 1870, il fut élu chef du 10ᵉ bataillon de la garde nationale qui prit, ainsi que les compagnies de guerre du même bataillon, une large part à la défense de Paris. Ce bataillon fit partie de ceux qui, jusqu'au dernier moment, ont conservé la mairie du IIᵉ arrondissement à la disposition des véritables élus du suffrage universel.

M. Thorel a été nommé officier de la Légion d'honneur, le 29 janvier 1871.

Républicain sincère, il apportera dans le Conseil les principes de toute sa vie.

LOISEAU-PINSON

(CHARLES-MARTIN)

Élu au 1ᵉʳ tour de scrutin.

Né le 2 mars 1815 à Trôo (Loir-et-Cher), d'une famille pauvre, M. Loiseau-Pinson, dont le père avait été victime de l'invasion, ne reçut que les strictes notions de l'instruction élémentaire, et entra chez un teinturier de province.

Arrivé à Paris en 1834, il s'établit le 1ᵉʳ décembre 1839, à l'endroit où il est encore aujourd'hui. Il employa dès-lors, à faire lui-même son éducation, le temps que lui laissait son commerce. Membre du comité démocratique du Vᵉ arrondissement (depuis le second), il fut, en 1848, élu sous-lieutenant dans la garde nationale, et donna sa démission après le 13 juin 1849.

Il ne cessa de faire de l'opposition à l'empire, et, quand survint la révolution du 4 septembre, il fut élu membre du comité d'armement du IIᵉ arrondissement, puis adjoint, aux élections du 2 novembre.

Nommé par ce même arrondissement membre de la Commune, il donna sa démission le lendemain, et fut l'un des fondateurs de la ligue de l'*Union républicaine des droits de Paris*. Le jour de l'armistice accordé aux communes suburbaines, M. Loiseau-Pinson et M. Armand Adam furent les délégués représentant Versailles, tandis que MM. Bonvalet et Stupuy représentèrent Paris.

A partir de cette date, il cessa ses fonctions d'adjoint, et se retira bientôt chez un ami, à Bessé, où il fut arrêté, incarcéré pendant neuf jours, puis rendu à la liberté sur un ordre exprès de Versailles.

Faut-il ajouter que, républicain convaincu, M. Loiseau-Pinson siége à la gauche dans la salle du Luxembourg?

MURAT

(CHARLES)

Élu au 1ᵉʳ tour de scrutin.

M. Murat est au nombre des citoyens obscurs et patients qui vouent leur temps et leur intelligence à la défense et au triomphe des principes républicains.

Né à Toulouse en 1818; il vint à Paris en 1835.

D'abord ouvrier bijoutier, puis commis dans une importante maison, il fonda, en 1851, une fabrique de bijouterie qui depuis a pris un grand développement.

Mêlé à la jeunesse studieuse et militante de 1840, il collabora au journal *l'Atelier*, fondé par M. Corbon, aujourd'hui député de la Seine.

Cette feuille modeste qui vécut jusqu'au coup d'Etat appartenait à un groupe de jeunes ouvriers et artisans sacrifiant leurs loisirs et leurs économies à l'étude des questions politiques et sociales. Plusieurs d'entre eux occupèrent en 1848 des fonctions politiques et y laissèrent les souvenirs les plus honorables.

Ce fut comme citoyen et comme capitaine de la garde nationale, que M. Murat servit et défendit la République jusqu'au 2 décembre.

Poursuivi au coup d'Etat, il ne dut qu'à la situation de sa femme, en couche au moment de son arrestation, de ne pas être compté parmi les proscrits de l'empire.

Pendant les vingt années de démoralisation na-

tionale et malgré les phases décourageantes du
régime impérial, M. Murat continua toujours son
concours à la défense des libertés. Il organisa des
réunions, soutint une propagande active dans les
élections au Corps législatif et, pour sa participation
au réveil des idées politiques, fut impliqué dans le
procès des treize.

Proposé, au 4 septembre, comme maire du IIIe arrondissement, il déféra ces fonctions à M. Bonvalet,
et, comme son premier adjoint, confirmé dans son
mandat par une majorité considérable, il travailla
activement à former les services que réclamait l'état
de siége et particulièrement à l'organisation des
secours des écoles, des conférences.

Nommé membre de la Commune, M. Murat résigna ses fonctions peu de jours après, et ne reprit
part aux affaires politiques qu'à sa rentrée au Conseil municipal.

BONVALET

(THÉODORE - JACQUES)

Élu au 1ᵉʳ tour de scrutin.

M. Bonvalet né à Paris, le 17 janvier 1817, appartient à une famille de la Bourgogne. Ainsi qu'il le disait, le jour de l'ouverture des écoles communales laïques de son arrondissement, le 12 novembre 1870 :

« Il n'est qu'un citoyen dévoué de cette patrioti-
« que et laborieuse bourgeoisie, qui sort du peuple
« et ne cesse de travailler avec lui, capable de gar-
« der le pays, pour le sauver, ou mourir, s'il le
« faut, avec lui. » Et il n'a pas dépendu de M. Bonvalet que cela fut ainsi, car son passé répondait de
son patriotisme.

Il a fait une partie de ses études à l'institution Barbet, où il était entré au moment de la Révolution de
juillet ; aussi y puisa-t-il, dès cette époque de réaction
politique et religieuse, un vif sentiment de libéralisme
qui s'accrut avec le temps. Pendant tout le règne du
roi Louis-Philippe, il se mêla aux mouvements du
parti démocratique, et, avant 1848, il s'occupait activement des élections d'où sortirent F. Arago, Carnot, c'est ce qui lui valut les sympathies de ce parti
et amena, après la proclamation de la République,
sa propre élection de chef de bataillon dans la 6ᵉ lé-

gion de la garde nationale (sixième arrondissement, devenu le troisième) par 7,000 voix.

Arrêté dans la nuit du 2 décembre 1851, M. Bonvalet fut conduit à Mazas, et, au bout de quinze jours, il reprit sa place parmi ses amis politiques et continua son opposition au gouvernement de Louis-Napoléon.

Le 5 septembre 1870, nommé par Etienne Arago, délégué à la mairie du troisième arrondissement, M. Bonvalet, aux élections du 5 novembre suivant, fut élu par 13,000 voix. Des vingt mairies de Paris, ce fut lui qui obtint la plus grande majorité.

Il s'occupa, dès son entrée en fonctions, des écoles communales laïques, de la bibliothèque municipale, des conférences hebdomadaires, d'une commission scientifique et des canons, d'une commission d'hygiène et de santé, d'une administration de l'assistance et des cantines municipales, des directions de la boucherie, du combustible, de l'assistance en habillements, de l'organisation de la garde nationale sédentaire, des bataillons de marche, de la compagnie des brancardiers, de l'organisation de la garde civique, des ambulances, des mairies des communes suburbaines, de l'atelier fondé pour les femmes dans l'arrondissement de la maison d'adoption, des baraquements et des cantines aux remparts, etc.

L'homme, chez lui, a conseillé le magistrat municipal. Ce maire s'est gagné de nombreuses sympathies par son abord facile, une bienveillance peu commune et une oreille toujours disposée à écouter les réclamations ou les demandes de chacun. Doué d'une élocution facile et élégante, il a acquis une grande autorité, à laquelle, il est vrai, ont contribué plus puissamment ses actes administratifs, mais ce don de la parole est loin de lui avoir nui.

Son cœur touché profondément de la misère qui attend l'orphelin, parce qu'il en avait vu fréquem-

ment l'exemple, lui a fait concevoir l'idée, véritablement humanitaire et démocratique, d'un refuge
hospitalier pour les orphelins, qui s'appelle la MAISON
D'ADOPTION *du troisième arrondissement*. Et, pour
en hâter l'édification, la municipalité du Temple — car
M. Bonvalet est avant tout partisan des idées pratiques — a imaginé de donner, le 22 novembre 1870,
au théâtre de la Porte-Saint-Martin, une représentation extraordinaire, afin d'aider aux premiers frais
de cette louable institution.

La presse de Paris a mentionné le concours nombreux et empressé que cette représentation a rencontré, tout en louant, comme il le fallait, le motif
qui l'avait inspirée.

En terminant cette courte notice de cet honorable
maire, rappelons que c'est encore aux soins de l'intelligente municipalité du troisième arrondissement
que sont dues les conférences qui se sont succédées à
la mairie du Temple, depuis le 12 novembre 1870,
et dont le succès, croissant toujours, a démontré
l'utilité. M. Bonvalet a eu l'idée de recueillir en un
volume les discours prononcés à ces conférences.
Elles ont eu pour discours d'inauguration celui de
ce dernier, où, s'étendant sur la *Nécessité de l'ins*
truction à tous, M. Bonvalet annonçait avec raison :
« Que grâce à l'éducation nationale que nous pro
« clamons aujourd'hui, les jours nouveaux trouve
« ront la France préparée et forte pour un avenir
« de justice et de vérité. »

Ajoutons qu'à la date du 15 février 1871, M. Bonvalet a décrété l'instruction primaire gratuite et
obligatoire dans le quartier parisien confié à sa patriotique, honnête et intelligente direction.

Pendant la douloureuse guerre civile qui suivit le
18 mars, M. Bonvalet fut l'un des promoteurs de
la Ligue républicaine des droits de Paris ; et,
lorsque la loi municipale eut conféré au chef du

pouvoir exécutif la nomination des maires, il ne fut pas maintenu.

M. Bonvalet qui avait obtenu 30,491 voix aux élections de février, était depuis deux jours considéré comme député de la Seine, après les élections du 2 juillet, lorsque le vote de l'armée donnèrent sur lui une majorité d'environ 300 voix à M. Moreau.

Les électeurs des Enfants-Rouges en nommant M. Bonvalet conseiller municipal pour son quartier, ont rendu à son administration, comme maire, la justice que lui dénient quelques journaux réactionnaires étrangers à cet arrondissement.

FERRÉ

(THÉOPHILE)

Élu au 2ᵉ tour de scrutin, par 1,906 voix.

Visage rond, barbe noire, vrai type du méridional, auquel un long séjour à Paris a fait perdre son accent et son exhubérance, M. Ferré est né à Toulouse, le 4 novembre 1828.

Il vint jeune à Paris, y fit ses études commerciales, et fut placé de bonne heure dans le commerce des soies teintes et écrues (quartier Saint-Denis), devint plus tard intéressé dans l'une des maisons importantes de ce négoce où il se fit remarquer par ses aptitudes commerciales et administratives.

Son beau-frère, M. Bouret, industriel distingué, créa, par ses inventions, en 1854. une industrie se rattachant à la fabrication du bijou, dans laquelle M. Ferré fut associé. Leurs connaissances diverses et réunies donnèrent un développement tel à la fabrication des apprêts d'or et d'argent façonnés pour la bijouterie par les moyens mécaniques que cette industrie compte aujourd'hui, plusieurs maisons produisant un chiffre d'affaires de cinq à six millions, son importance a été constatée par les récompenses obtenues aux diverses expositions par la maison Bouret et Ferré :

Arts industriels 1861, médaille de Londres 1862, 1ʳᵉ classe peace jubile 1865, 1ʳᵉ classe Porto 1867, argent Paris 1867.

Resté seul à la tête de la maison, M. Ferré fut nommé notable commerçant, en dépit de l'antipathie qu'il n'a jamais dissimulée pour cette féodalité commerciale telle qu'elle est instituée. ne l'admettant qu'à titre de livret de capacité en cas d'expertise et consultation par les jurys d'exposition pour les industries rattachées, M. Ferré poursuit depuis plusieurs années l'abrogation si nécessaire de la loi de brumaire sur le contrôle.

Ce fut en 1869, qu'avec plusieurs de ses amis du IIIe et du IIe arrondissement, entre autres M. Murat, il se mêla publiquement à la vie politique en luttant pour le triomphe du regretté Bancel.

Républicain sincère, ami de l'ordre et de la stabilité, reposant sur les vraies institutions républicaines, quand arriva la révolution du 4 septembre, M. Ferré apporta à ses amis de la mairie du IIIe arrondissement son dévouement et son travail, en continuant à être l'ennemi de toute distinction, il fit partie de toutes les commissions de cet arrondissement, l'un des mieux administrés pendant cette période néfaste, et s'occupa principalement des ambulances, dont il fut nommé le directeur.

Ces ambulances, par leur proximité des champs de bataille, reçurent un très-grand nombre de blessés et la municipalité put constater que la proportion des décès s'élèverait au chiffre relativement minime de 6 0/0 pour les malades, et 4 1/2 0/0 pour les blessés et que la bonne organisation n'était pas étrangère à ce résultat.

M. Ferré prit part aux travaux de la commission des intérêts commerciaux chargée de demander une loi équitable, d'une application possible pour résoudre, sans une trop forte perturbation, la question brûlante des échéances et des loyers.

Les électeurs du quartier des Archives ont vu ses efforts, son dévouement pendant le siége, la plupart en rapports d'affaires avec lui, certains de son honorabilité et désireux de nommer un républicain éprouvé, l'ont envoyé siéger à gauche, au Conseil municipal.

LELEUX

(GUSTAVE - ADOLPHE)

Élu au 1er tour de scrutin par 4,604 voix.

Né à Lille, le 20 novembre 1814, M. Leleux est sorti de pension à quinze ans, pour faire son apprentissage commercial. A dix-huit ans, commis-voyageur pour une maison de Lille d'abord ; il représentait ensuite une maison de Paris.

A vingt-quatre ans il fondait, rue Saint-Martin, l'établissement qu'il dirige encore aujourd'hui.

En 1852, il créa, à Lille, une maison d'achats de tissus et de fabrication de vêtements.

En 1866, il construisit, à Lille, de vastes ateliers où il occupe plus de 500 ouvriers et ouvrières. De nouvelles constructions, faites récemment, lui permettront bientôt d'en occuper 1,000. Cette maison, bien petite à ses débuts, il y a 32 ans, est aujourd'hui d'une grande importance, et fait un chiffre considérable avec l'exportation.

En 1848, M. Leleux, déjà républicain, fut élu chef de bataillon dans la 6e légion de la garde nationale. Il donna sa démission au coup d'État du 2 décembre. M. Leleux est membre titulaire de la commission permanente pour la révision des valeurs de douane. Pendant la guerre il est resté à Paris, a conservé tout son personnel, qui n'eut à supporter aucune modification de traitement.

Pendant la Commune, au contraire, il autorisa les plus jeunes à quitter Paris, pour les soustraire aux recherches et leur empêcher tout service dans la garde nationale.

DESOUCHES

(EUGÈNE)

Élu au 9⁰ tour de scrutin

Connu sous le nom de Desouches aîné; il a quatre frères, dont l'un est M. Charles Desouches, populaire auprès de toutes les ménagères par le *charbon de Paris.*

Le nouveau conseiller est né à Paris, le 6 octobre 1825. Il entra, dès l'âge de quinze ans, dans le commerce des bois, commerce qu'il exerce encore aujourd'hui.

Pendant le siége de Paris, il s'occupa activement de l'organisation des services municipaux tendant à procurer des combustibles à la population ; ses efforts avaient principalement pour but de faire réquisitionner les bois à œuvrer qui existaient dans la ville en quantités considérables. Malheureusement ce système ne fut appliqué que tardivement et d'une manière très-incomplète ; les Parisiens ne purent éviter la *disette du bois* et les *queues* devant les chantiers.

Mais ses efforts et certains articles qu'il fit paraître, à cette occasion, dans les journaux, avaient appelé sur lui l'attention de quelques électeurs qui le poussèrent à se porter candidat aux élections municipales.

M. Desouches se présenta *en dehors de tout comité*, et obtint, dès le premier tour de scrutin, une

3

majorité considérable. Nous extrayons de sa profession de foi les lignes suivantes :

« Je crois que tout fonctionnaire doit se considérer comme le serviteur du peuple, seul souverain; par conséquent je n'aurai d'autre ligne de conduite que celle-ci : *Dévouement aux intérêts de l'arrondissement.*

« Je suis partisan d'une large extension de la vie communale et d'une sage décentralisation ; mais je considère que l'autonomie de la commune ne doit jamais être si absolue qu'elle puisse compromettre l'intérêt général. Je la subordonne aux lois du pays et à la haute direction du gouvernement reconnu par lui. »

« J'espère qu'après l'expérience actuelle la République restera la forme définitive du Gouvernement ; car, mieux qu'aucune autre, elle nous assurera l'économie, la moralité et la tranquillité, en même temps que notre dignité de citoyens. »

M. Desouches siége au centre gauche et est membre de la commission des finances chargée de faire le rapport sur le nouvel emprunt de la Ville.

LOISEAU

(CHARLES.)

**Élu au 1er tour de scrutin, par 2,672 voix,
sur 4,614 votants.**

Né le 4 novembre 1824 à Limay, près Mantes
(Seine-et-Oise), M. Charles Loiseau a fait ses études
à Paris et reçut, en août 1855, son diplôme de docteur
en médecine. Il s'était adonné à la culture des sciences
et, sur la recommandation de l'illustre François
Arago, qui l'honorait de son affection, il fut chargé
de la rédaction du bulletin scientifique de la *Réforme,*
de 1845 à 1849.

Capitaine dans la 12e légion, il combattit résolû-
ment l'insurrection de juin 1848 et il regrette encore
aujourd'hui de ne pas s'être trouvé à Paris, le 2 décembre 1851, pour en faire autant lors du coup
d'Etat. Depuis cette époque, il s'était livré tout entier à l'étude des sciences médicales et à la pratique laborieuse de sa profession ; mais la chûte du
régime impérial et les malheurs de la patrie le rappelèrent à la vie publique. Aux élections de novembre 1870, il fut nommé adjoint au maire du
IVe arrondissement par 3,000 suffrages. Spécialement chargé des ambulances de l'arrondissement
pendant le siége, il était, en outre, chirurgien-major
du 96e bataillon.

Après le 18 mars, il prit part aux conférences qui
eurent lieu au IIe arrondissement , et signa, avec

les députés, maires et adjoints, la convention du 25 mars, qui, dans le but d'éviter l'effusion du sang, appelait les citoyens à voter pour les élections municipales.

L'immunité due à son caractère de médecin ne l'empêcha pas d'être arrêté à plusieurs reprises, sous la Commune; mais sa détention ne fut jamais de longue durée et il ne craignit pas de rester à Paris jusqu'au moment où l'armée nationale reprit, sur les forces insurrectionnelles, le quartier de l'Hôtel-de-Ville.

Aussitôt qu'il aperçut de loin flotter le drapeau tricolore, M. Loiseau accourut à sa mairie en flammes, où les obus pleuvaient encore, et autour de laquelle le combat n'avait pas cessé.

M. Loiseau et quatre citoyens courageux, avec des gamelles en guise de seaux, luttèrent contre l'incendie, sans s'occuper des barils de poudre et de munitions qui, entassés dans la mairie même, les menaçaient de la plus épouvantable catastrophe, et furent assez heureux pour sauver les registres de l'état civil, les archives, la comptabilité des différents services et le mobilier administratif.

Bientôt, la bataille s'éloignant, ils purent, assistés de quelques hommes dévoués auxquels ils firent appel, sauver en grande partie cet édifice public.

Officier d'académie, secrétaire général de la Société médico-psychologique, M. Loiseau a publié des travaux originaux sur les maladies mentales et nerveuses et collaboré à plusieurs recueils et publications sur la médecine, l'hygiène et l'assistance publique. Dans le Conseil municipal, il a choisi sa place uniquement au point de vue du confortable, et se trouve siéger au centre droit.

CALLON

(CHARLES)

Élu au 1er tour du scrutin, par 1,076 voix, sur 2,094 votants

Né le 24 juin 1813 à Rouen (Seine-Inférieure). M. Ch. Callon a suivi la carrière du génie civil dès sa sortie de l'Ecole centrale des arts et manufactures, en 1833.

Vingt ans plus tard, il revint dans ce grand établissement scientifique comme professeur du cours de construction des machines, et l'année suivante (1854), il fut nommé membre du conseil de l'Ecole.

Ingénieur civil, il se distingua spécialement par ses turbines et ses installations d'usines citées par ses confrères avec les plus grands éloges.

Il fut l'un des fondateurs de la *Société des Ingénieurs civils* en mars 1848, et la présida en 1857. — C'est à ce double titre, de président de cette société célèbre et de professeur à l'Ecole centrale, qu'il reçut, en 1857, la décoration de la Légion d'honneur.

Il a contribué également à la fondation de l'*Association amicale des anciens élèves de l'Ecole centrale* (1862), et en a été le président en 1864.

Comme ingénieur, il a publié, en 1846, avec la collaboration de M. Ferdinand Mathias, des *Etudes sur la navigation fluviale par la vapeur*, et il a inséré en outre, dans divers recueils, plusieurs notices sur des questions scientifiques.

En 1865, M. Ch. Callon a contribué, comme membre de la classe 52, aux travaux du jury d'admission de l'Exposition universelle; et, en 1867, il a été vice-président et rapporteur, pour la classe 60, du jury international des récompenses.

Il est resté jusqu'en 1870 étranger à l'administration et aux luttes politiques, quoiqu'il ait fait connaître ses vues sur une importante question d'économie politique et sociale, dans une brochure qu'il publia en 1848, en collaboration avec M. C. Laurens, et qui était intitulée : *De l'organisation de l'Industrie ; application à un projet de Société générale des Papeteries françaises.*

En novembre 1870, les suffrages des élections du IVe arrondissement se portèrent sur lui, et il fut nommé, au premier tour de scrutin, adjoint au maire par 5,907 voix. — Il s'occupa spécialement, pendant le siége, sous la direction de l'honorable maire du IVe arrondissement, M. Vautrain, de la question des subsistances et des combustibles.

Lors de l'insurrection du 18 mars, il essaya, de concert avec ses collègues à la mairie du IVe arrondissement, d'arrêter l'effusion du sang, en consentant aux élections municipales ; mais les conditions de ce consentement ayant été violées par les chefs de l'insurrection, M. Callon dut, comme la plupart des maires et adjoints de Paris, céder à la force. Une proclamation, affichée dans toute l'étendue de l'arrondissement, et signée Vautrain, de Châtillon, Ch. Callon et Ch. Loiseau, fit connaître à la population les motifs de leur démission collective.

Resté à Paris pendant le second siége, M. Callon, dès le vendredi 26 mai, reprit provisoirement ses fonctions d'adjoint, à la sollicitation d'un grand nombre de citoyens du IVe arrondissement, et les conserva, avec l'autorisation du chef du Pouvoir exécutif de la République, jusqu'à l'époque de son élection au conseil municipal.

VAUTRAIN

(EUGÈNE-JOSEPH)

Élu au 1ᵉʳ tour de scrutin, par 1,595 voix, sur 1,598 votants.

Né à Nancy (Meurthe), le 15 novembre 1818, M. Vautrain a fait son droit à Paris; reçu docteur en droit, il se fit inscrire au barreau de cette ville.

Avocat à la cour d'appel, M. Vautrain avait conquis une place honorable au Palais, lorsque, le 12 avril 1848, il fut nommé adjoint au maire du neuvième arrondissement de Paris (le quatrième aujourd'hui). Dans l'exercice de ces fonctions auxquelles il était appelé, alors qu'il n'avait pas trente ans, le plus jeune entre tous ses collègues, M. Vautrain donna des preuves de son habileté administrative et d'une fermeté peu commune. Le 22 novembre suivant, nommé maire du même arrondissement par le général Cavaignac, il resta dans ces fonctions jusqu'au coup d'Etat du 2 décembre 1851, époque à laquelle il donna sa démission.

Pendant les journées de juin, il joignit le courage à l'humanité; plus d'une fois, marchant sur les barricades, il arrêta l'effusion du sang, et refusa la décoration qui lui fut offerte ensuite, ne voulant pas porter un souvenir de guerre civile. Comme maire, il recueillit de toutes parts, pendant les trois années de son administration du neuvième arrondissement, de nombreuses marques d'estime, et, lorsqu'il donna sa démission, malgré la pression exercée à cette époque, il reçut de nombreux témoignages de sympathie et de regrets votés par les corps constitués d'arrondissement.

Rentré dans la vie privée, M. Vautrain reprit sa place au barreau de Paris, s'éloignant d'un gouvernement qu'il jugeait dès lors fatal pour la France.

Après la Révolution du 4 septembre 1870, M. Vautrain n'accepta aucunes fonctions, quoique dévoué à la cause républicaine; mais, le 5 novembre 1870, élu maire du IVe arrondisseement par 10,000 voix sur 14,000 votants, il crût devoir s'incliner devant l'expression du suffrage universel.

Il protesta contre le Comité central et la Commune; il fut arrêté le 25 mars par les ordres du Comité central, mais les gardes nationaux de son arrondissement se refusèrent au maintien de son arrestation.

Il a repris l'exercice de ses fonctions de maire, à la demande du chef du pouvoir exécutif, lors de la rentrée des troupes dans Paris.

Aux élections du conseil municipal, les habitants de l'île Saint-Louis, où il demeure depuis près de vingt-cinq ans, l'ont élu par 1,525 voix sur 1,528 votants. Le conseil municipal l'a élu son président par 69 voix sur 70 votants.

LAVOCAT

(EUGÈNE-FRANÇOIS)

Elu au 1er tour de scrutin

L'Union parisienne, pensant qu'il ne saurait y avoir trop de notaires pour débrouiller la liquidation des comptes d'Haussmann, adjoignit sur sa liste Me Lavocat à ses quatre autres tabellions, l'Union parisienne n'était pas infaillible.

Juste pas assez gros pour ne pas être obèse, une figure pleine avec les inévitables favoris gris ; Me Lavocat est le type du *parfait notaire*, quelque peu désagréable, si fréquent dans notre répertoire moderne.

Parisien de naissance, il avait trente ans environ, et était maître clerc quand éclata la révolution de 48.

Les événements politiques ayant amené la déconfiture de Me Dorival, l'occasion parut bonne à la famille de Me Lavocat pour lui acheter une étude.

Me Lavocat se laissa faire.

Rien n'avait troublé sa tranquillité lorsque l'Union parisienne vint le tirer de l'obscurité pour en faire un conseiller municipal.

Me Lavocat se laissa faire, et encore lorsque ses collègues le nommèrent membre de la commission du dernier emprunt.

COLLIN

(FLORENT)

Élu au 1ᵉʳ tour de scrutin

Né à Paris, le 30 septembre 1817, M. Collin fut admis élève aux Gobelins en 1833; et obtint plusieurs médailles aux différents concours de dessin, et, en 1849, une médaille d'argent à l'exposition qui eut lieu au Palais-Royal.

En 1864, nommé sous-chef de deuxième et de première classe, en 1866, il mérita, en 1867, une médaille d'argent à l'exposition universelle.

M. Collin fonda la société civile coopérative de consommation qui a pour nom les *Équitables* et fut l'un des fondateurs de la bibliothèque populaire du Vᵉ arrondissement.

Après le 4 septembre 1870, il fit partie du comité de l'instruction publique; du comité de l'assistance patriotique, puis, le 4 novembre, élu adjoint du Vᵉ arrondissement, il fut chargé des subsistances pendant le siége.

Lors du bombardement, il ne quitta plus la mairie, ni le jour ni la nuit; organisa les ambulances, les postes de brancardiers, et fit nourrir cinq mille six cents enfants dans les écoles.

Lors de l'insurrection du 18 mars, six pièces de canon furent braquées devant la mairie, M. Collin resta seul à son poste (le maire et le premier adjoint ayant exécuté un sauve-qui-peut), remplit les fonctions de maire, fut arrêté dans son bureau par ordre du comité central, parvint à s'échapper et se mit en relation avec l'amiral Saisset. Arrêté de nouveau et conduit devant Raoul Rigault et le général Duval qui lui déclara que le comité l'avait condamné à mort, pour avoir blâmé l'expédition contre Versailles, dans la réunion des maires du 2ᵉ arrondissement, il fut incarcéré à la Conciergerie.

Après le rétablissement du gouvernement légal, le maire, pour le récompenser de son civisme, jugea à propos de l'éloigner de la mairie du Vᵉ arrondissement où il était resté le dernier sur la brèche; mais ses concitoyens n'oublièrent pas leur adjoint et l'envoyèrent au conseil municipal.

LEVEILLÉ

(JULES)

**Élu au 3° tour de scrutin, par 1,979 voix,
sur 9,737 votants.**

M. Jules Leveillé, né à Rennes, le 22 octobre 1835, est un des plus jeunes membres du Conseil municipal de Paris. Il en a été nommé secrétaire par 61 voix sur 70 votants.

M. Leveillé est un fils de ses œuvres. Après des études littéraires brillantes au lycée de Rennes, il commença son droit ; sans fortune personnelle, il donna des répétitions, afin de payer ses examens et ses inscriptions ; pendant plusieurs années il fut entouré d'élèves, qui étaient presque tous plus âgés que leur professeur. Un concours s'étant ouvert, en 1859, pour l'agrégation des Facultés de droit, Jules Leveillé, docteur depuis deux mois, se présente aux épreuves et réussit. Il était le plus jeune des candidats ; il avait vingt-quatre ans. Que d'hommes se seraient endormis au lendemain de ce premier succès ! Notre agrégé venait de conquérir une position honorable, enviée ; mais cette élévation ne fit qu'animer son ardeur.

M. Leveillé se fait une idée très-haute des devoirs et de l'influence possible de l'enseignement public. Dans ses cours il ne se borne pas à réciter la loi, il la juge ; il ne la commente pas seulement, il la critique. Chacun des maîtres de la jeunesse se choisit une spécialité. M. Leveillé s'est depuis longtemps choisi la spécialité du droit commercial et industriel. Il ne sépare pas d'ailleurs le droit de l'économie politique ; ce mariage des deux sciences est un des caractères de son enseignement. La législation du Travail, voilà le champ très-vaste de ses études et le programme général de ses cours. Sortant volontiers du Code de Commerce qu'il déclare étroit et vieilli, il a successivement abordé et traité, en pleine Faculté de Paris, la théorie des banques, le regime de notre marine marchande, le système de nos chemins de fer. Il voudrait successivement passer en revue nos diverses industries nationales et signaler les réformes qu'elles comportent. On voit qu'un tel plan ne manque ni de hardiesse, ni de largeur. Le ministère de l'instruction publique se décidera-t-il, quelque jour, à créer une chaire de législation industrielle au profit de l'agrégé qui, depuis douze ans, poursuit ces études originales et d'un si grand intérêt public ? Nous l'ignorons. L'Université, comme l'Eglise, répugne au rajeunissement des doctrines ; le droit industriel n'a point obtenu les faveurs du ministère de la rue de Grenelle, peut-être parce qu'en 1804 le premier Consul n'a pas codifié les règles de l'industrie ; de nos jours pourtant, le Travail est devenu une question de vie ou de mort pour la société. Heureusement M. Leveillé, un peu négligé par l'Université, a trouvé sur sa route des encouragements qui l'ont soutenu.

Après son cours de 1870, sur les chemins de fer, les auditeurs de tout âge et de toute profession, qui l'avaient suivi, désireux de témoigner leurs sympathies à l'homme d'initiative et de libre discussion, se réunirent et, lui rendant un hommage qui jusqu'alors n'avait été rendu, dans l'Ecole de Paris, qu'à Bugnet et à Oudot, lui offrirent comme souvenir un objet d'art.

Pendant le siége de la capitale par les Prussiens,

l'agrégé accepta de remplir, mais en refusant tout traitement, un poste difficile à l'administration des télégraphes ; il participa, comme secrétaire général intérimaire, à l'établissement des communications entre Paris et la province par ballons et par pigeons ; c'est lui qui agréa le premier les propositions des colombophiles parisiens, éconduits jusque là par tous les ministères. Utilisant la correspondance extraordinaire que l'administration des télégraphes et l'administration des postes venaient d'organiser, il ouvrit, en Ille-et-Vilaine, au profit des mobiles du département, enfermés dans Paris, une souscription qui produisit 25,000 francs environ. La souscription fut sollicitée par ballon et les fonds parvinrent à M. Leveillé en un mandat sur le Trésor, photographié microscopiquement et apporté par un pigeon. Le département d'Ille-et-Vilaine est le seul qui ait pu, grâce à l'activité d'un de ses fils, veiller ainsi de loin sur ses jeunes soldats. L'administration des télégraphes avait immergé dans la Seine un câble électrique, qui fonctionna plusieurs jours après l'investissement ; ce câble fut rompu ; il fallait le rétablir. Des expéditions de nuit furent poussées au delà des lignes françaises ; la petite troupe chargée de ces reconnaissances dut passer plus d'une fois sous les pieds, en quelque sorte, des Prussiens, puisque les Prussiens occupaient sur la Seine les débris des ponts ; le secrétaire général des télégraphes prit part, avec des zouaves, des marins, des mobiles, des polytechniciens, à ces expéditions périlleuses et fut porté pour la croix.

Une place de maître des requêtes étant devenue vacante au Conseil d'Etat provisoire, M. Leveillé y fut appelé sur la présentation de M. Hérold. Le Conseil l'a attaché à la section des travaux publics, de l'agriculture, du commerce, des finances et de la marine. Il a été chargé de rapports importants sur des questions de finances et de chemins de fer.

Le secrétaire du Conseil municipal de Paris vient d'avoir tout récemment un succès de bon aloi. M. Dufaure a saisi l'Assemblée nationale d'un projet de loi sur les titres au porteur perdus ou volés. Or le projet consacre un système très-simple et très-neuf qu'avait conçu M. Leveillé. Ce système introduit la publicité dans le commerce des titres au porteur, et il est combiné de telle sorte, que cette publicité ne gêne en rien la circulation des valeurs. Si le projet est adopté, la France aura, la première, résolu un problème qui, depuis plusieurs années, était étudié partout, à Berlin, à Vienne, à Paris.

Entré au Conseil municipal avec une forte majorité, M. Leveillé ne s'oubliera pas dans les délices du Luxembourg. Il a pris place au centre gauche ; il compte soulever plusieurs des questions qui l'occupent depuis longtemps. M. Leveillé connaît à fond le régime de notre instruction publique ; il l'estime très-défectueux et surtout très-insuffisant. Il demandera que la Ville développe l'enseignement primaire, réorganise l'apprentissage, vulgarise l'enseignement secondaire spécial, autrement dit l'enseignement professionnel. Il a jeté sur le papier les bases d'une faculté de l'Agriculture, de l'Industrie et du Commerce, qui préparerait les états-majors de l'armée du Travail et constituerait, pour les futurs négociants, pour les futurs manufacturiers, un enseignement supérieur, qui n'existe que pour les avocats et pour les médecins. M. Leveillé voudrait encore fusionner les caisses d'épargne et les monts-de-piété, pour en faire des banques populaires complètes. Il croit que la ville de Paris doit, dans l'intérêt de l'ordre, faciliter l'ascension du petit rentier, de l'employé, du salarié à la propriété foncière, en provoquant la création de villas ouvrières, que rapprocheraient du centre de Paris les bateaux-mouches de la Seine et les chemins de fer américains, et qui seraient, comme les maisons de Mulhouse, payables par annuités. M. Leveillé, enfin, est l'un des défenseurs obstinés de l'assurance sur la vie, qu'il envisage du point de vue démocratique. L'assurance sur la vie, a-t-il dit souvent dans ses leçons et dans ses brochures, a cette vertu magique qu'elle forme, dès l'instant du contrat, un patrimoine que les enfants recueilleront plus tard et que le père n'achète que par des annuités prélevées sur son traitement ou sur son salaire. La généralisation des assurances sur la vie inspirera aux classes laborieuses le respect de l'hérédité, parce qu'elle rendra l'hérédité pratique dans les rangs du prolétariat lui-même.

M. Leveillé, on le voit, appartient à l'école libérale, qui fait de la conservation par le progrès ; il a le goût, il a le souci très-vif des intérêts populaires.

Le Conseiller municipal a déjà fait ses débuts oratoires, en soutenant, à propos de l'emprunt de 350 millions, que les obligations à lots, loin de dépraver les ouvriers, leur donnaient au contraire, par les perspectives séduisantes qu'elles ouvraient, la pensée de l'épargne et le goût des placements d'argent. Il a, dans un autre discours, réclamé la création d'un réseau de chemin de fer dans Paris, réseau qu'il considère, non sans quelque raison, comme un rouage essentiel de la vie économique de la capitale.

DUBIEF

(LOUIS)

M. Dubief, né à Paris, le 1er novembre 1821,
fut élevé à l'institution Sainte-Barbe, et obtint de
brillants succès dans les concours. Il fit ensuite des
études de droit en même temps qu'il s'occupait de
travaux littéraires. Des thèses latine et française
qu'il soutint en Sorbonne pour le doctorat ès-lettres,
l'une traite *de la famille romaine au temps de
Plaute*, l'autre est *un Essai sur les idées politiques
de Saint-Augustin*.

Nommé inspecteur d'Académie en 1850, il en
remplit les fonctions dans les départements de la
Meurthe, de l'Allier, des Alpes-Maritimes et des
Bouches-du-Rhône. Il prit une part active dans celui
des Alpes-Maritimes à la réorganisation de l'enseignement primaire et secondaire nécessité par l'annexion. En juin 1861, M. Dubief fut appelé à Paris,
par M. Rouland, ministre de l'instruction publique,
pour remplir auprès de lui les fonctions de chef du
cabinet; il les garda jusqu'à l'avénement de M. Du-
ruy (juillet 1863), puis fut nommé inspecteur de
l'Académie de Paris, délégué à la Préfecture de la
Seine et chargé de la surveillance des écoles primaires et municipales de Paris. Son passage dans ce
service fut marqué par la création de cours publics

et gratuits, faits à l'Hôtel-de-Ville pour les candidats aux diplômes d'instituteurs et d'institutrices.

Après la mort de M. Labrouste, directeur de Sainte-Barbe, M. Dubief, qui était depuis deux ans membre du Conseil d'administration, fut choisi par ses collègues, en mars 1866, pour prendre la direction de ce grand établissement libre. A la fin de la même année, il était appelé par décret à occuper aussi la place de M. Labrouste dans le Conseil supérieur de l'instruction publique. Il avait été nommé, en 1863, membre de la Commission d'examen des livres scolaires, et, en 1864, membre du Conseil de l'enseignement secondaire spécial. Officier de l'instruction publique depuis 1854, il a été décoré de la Légion d'honneur en 1862.

M. Dubief a été, pendant le siége, membre de l'œuvre de l'assistance patriotique aux familles des gardes nationaux et l'un des fondateurs de l'œuvre des enfants nouveau-nés. Il est membre du bureau de bienfaisance et président de la Société des secours mutuels du quartier Saint-Victor.

BRÉTON
(LOUIS)

Élu au 2ᵉ tour de scrutin, par 1,412 voix, sur 2,821 votants.

Né à Paris, le 17 novembre 1817, M. Bréton commença au collége Rollin ses études classiques, qu'il termina au collége Bourbon, depuis lycée Bonaparte.

Il entra bientôt après comme employé dans l'importante maison Hachette, dans laquelle grâce à son travail et à son intelligence il devait se créer une si belle position.

Gendre de Mᵐᵉ Hachette, M. Bréton est depuis le 1ᵉʳ janvier 1841 l'associé et l'un des directeurs de cette librairie, si avantageusement connue de tout le public savant, lettré, étudiant ou écolier.

Tout entier aux incessantes occupations qu'imposent un tel établissement, et consacrant à l'étude et à sa famille ses rares loisirs, M. Bréton fut nommé chevalier de la Légion d'honneur en 1866, comme directeur d'une grande maison de commerce. Président du cercle de la librairie, de l'imprimerie et de la papeterie de 1864 à 1868, il fut, à l'Exposition de 1867, secrétaire du Comité d'admission, devenu depuis Comité permanent de la classe VI. (Produits d'imprimerie et de librairie.)

Inutile d'ajouter que, resté à Paris pendant le siége par les Prussiens et le règne de la commune, M. Bréton a fait son devoir.

Le recensement des votes ayant relevé dans une section trois bulletins de plus que le nombre des votants et cette légère différence mettant pour ainsi dire MM. Hérisson et Bréton *exæquo* sur le même rang, le conseil de préfecture a renvoyé ce conseiller devant les électeurs.

RONDELET

(JEAN-BAPTISTE-ERNEST.)

Élu au 2⁰ tour du scrutin, par 1,870 voix, sur 3,735 votants

Associé et directeur de la maison Biais aîné, broderies et ornements d'église, M. Rondelet devenu parisien par vingt ans de séjour à Paris, dont sa famille est originaire, est né à Lyon, en 1825. Il fonda en 1849 une des premières sociétés de secours mutuels qui a servi de modèle à beaucoup d'autres depuis cette époque.

A l'Exposition universelle de 1867 il fut membre et secrétaire du jury de la classe 33, chargé du rapport sur les broderies; secrétaire du jury supérieur du groupe IV (tissus), secrétaire de la commission d'encouragement pour les études ouvrières, etc.

En 1867 il fut élu juge suppléant au tribunal de commerce.

En 1870, M. Rondelet fut désigné par le ministre du commerce pour être commissaire adjoint à l'Exposition universelle des produits industriels, ouverte à Rome, au mois de mai de la même année. Le *Journal officiel* du 23 mai reproduisant une correspondance adressée par notre ambassade de Rome, qui se félicite du résultat de l'Exposition, si heureuse pour nos commerçants et fait remonter le mérite de ce triomphe aux commissaires délégués, chargés de représenter la France.

Depuis longtemps chevalier de la Légion d'honneur, commandeur des ordres de saint Grégoire le

Grand, de Rome, et de l'ordre du Lion et du Soleil de Perse, chevalier de l'ordre d'Isabelle d'Espagne, et de l'ordre pontifical de saint Sylvestre ; M. Rondelet siége à droite dans la nouvelle Assemblée.

Son aïeul fut Jean Rondelet (1734-1829) architecte de Paris, auteur du traité de l'*Art de bâtir*, membre de l'Institut et membre de la commission remplaçant le ministère des travaux publics (1794-1795). La municipalité reconnaissante a donné à une rue le nom de cet architecte qui a sauvé le Panthéon de sa ruine et réussi à soutenir sa coupole dans les airs pendant qu'on en reprenait les appuis en sous œuvre.

Un de ses ancêtres, Guillaume Rondelet fut, sous François Ier, le médecin et l'ami du cardinal de Tournon qu'il accompagna dans les Pays-Bas et en Italie ; il a ouvert à Montpellier un amphithéâtre d'anatomie, et la légende rapporte qu'il eut le rare et triste courage d'y faire, pour donner l'exemple, l'autopsie de son propre fils.

Il ouvrit, dans la grande salle des Actes de la Faculté de Montpellier, la série des docteurs en robe et en bonnet carré. Il a eu l'honneur d'être l'ancêtre et le doyen de cette imposante assemblée.

Il a écrit le *Traité des poissons*, cité par Buffon avec les éloges que méritaient l'exactitude et l'esprit d'observation du nouvel Aristote. Antoine Bossuet, grand oncle de notre célèbre Bossuet, écrivit tout exprès un commentaire pour populariser l'ouvrage de son ami Guillaume Rondelet.

Cuvier a prononcé l'éloge de Guillaume Rondelet.

François Ier lui a accordé des lettres de noblesse.

BEUDANT

(LÉON-CHARLES)

**Elu au 2° tour de scrutin, par 2,471 voix,
sur 3,890 votants**

Ce nouveau conseiller est le fils de François Beudant, célèbre minéralogiste français, né en 1787,
mort en 1852, membre de l'Institut, professeur à
la Faculté des sciences de Paris, auteur de nombreux ouvrages sur la minéralogie, la physique et
la géologie.

C'est à ce savant que Louis XVIII confia la délicate mission d'installer en France le remarquable
cabinet de minéralogie et zoologie que ce roi,
passionné pour ces sciences, avait créé en Angleterre pour charmer les longues heures de l'exil.

M. Beudant est né à Fontenay-le-Fleury (Seine-
et-Oise), le 9 janvier 1829. Il fit ses études à Paris
et y fut reçu docteur en droit le 26 août 1852 ; plus
tard, en 1857, il fut nommé au concours agrégé des
Facultés de Droit. Attaché d'abord à la Faculté de
Toulouse, il entra en la même qualité, en 1862, à la

Faculté de Paris, et y est devenu, en 1870, titulaire d'une chaire de Code civil en remplacement de M. Duranton, qu'il avait longtemps suppléé.

Républicain libéral, M. Beudant fut aux élections de février, porté par le comité Dufaure et obtint une certaine minorité.

Etranger, jusqu'ici, à la politique militante, il s'est occupé exclusivement de travaux de droit; il est un des rédacteurs habituels de la *Revue critique de la Législation*, de la *Revue pratique du Droit français*, ainsi que de la *Jurisprudence générale*.

Il siége au centre gauche; et est membre de la commission des finances, chargée de faire le rapport sur le nouvel emprunt de la ville de Paris.

En nommant M. Bréton, l'industriel qui par l'impression met la science sous les yeux des hommes, M. Beudant, le professeur qui l'explique et la développe, M. Dubief, le censeur qui en surveille l'étude, le quartier dit *Latin* a sagement personnifié son caractère spécial et sa devise, qui est celle dont ses représentants ont fait la règle de toute leur vie : *Laboremus.*

DEPAUL

(JEAN - ANNE - HENRI)

Élu au 1ᵉ tour de scrutin, par 1,143 voix sur 2,238 votants.

Né à Morlaas (Basses-Pyrénées), le 26 juillet 1813, M. Depaul fit ses études à Aires et fut reçu docteur à l'Ecole de médecine de Paris, en 1839, agrégé de la Faculté en 1847, membre de l'Académie de médecine en 1852.

Chirurgien des hôpitaux depuis 1853, il fut nommé professeur de clinique d'accouchement à la Faculté, en 1861. Décoré de la Légion d'honneur en 1855, il a été promu officier le 15 août 1868.

M. Depaul est auteur d'un *Traité théorique et pratique d'auscultation obstétricale,* et d'un certain nombre de Mémoires, notamment : *Du Torticolis, sur l'Insuffisance de l'air dans les voies aériennes chez les enfants qui naissent dans un état de mort apparente* (1845), *de l'Opération césarienne* post mortem (1861), *Nouvelles recherches sur la véritable origine du virus-vaccin* (1864), et *Réponse aux objections* (même année), *la Syphilis vaccinale devant l'Académie impériale de médecine* (1865),

Expérieuces faites avec le cow-pow ou vaccin animal (1867), etc. Il a en outre collaboré au *Bulletin de l'Académie de médecine*, où il a inséré de nombreux articles et diverses publications spéciales.

Républicain sincère et patriote, M. Depaul se fit remarquer par la façon dont il se multiplia pendant le premier siége pour lutter contre les épidémies qui en étaient la conséquence, entraînant tout le monde par son exemple.

Resté à Paris pendant la Commune, il fut arrêté, incarcéré pendant trois jours, et contraint d'établir une ambulance au quai Voltaire.

M. Depaul, dans le nouveau conseil, est appelé à rendre d'incontestables services dans les graves questions d'hygiène et d'assistance publique.

TRANCHANT

(LOUIS-CHARLES-MARIE)

Élu au 1ᵉʳ tour de scrutin, par 2,008 voix sur 2,740 votants

M. Charles Tranchant, l'un des conseillers qui figurent en tête de la commission chargée de faire le rapport sur le nouvel emprunt de la ville, est né à Paris, le 2 juin 1826; il est fils d'un ancien inspecteur général de l'Université.

M. Ch. Tranchant a fait ses études à Paris, au collége Rollin. Il suivit, après les avoir terminées, les cours de l'école de Droit de Paris, de l'école des Chartes et de l'école nationale d'Administration fondée en 1848 par le Gouvernement provisoire. En 1849, il fut, à la suite d'un concours, nommé auditeur au Conseil d'État. Attaché successivement à la section de législation et à la section d'administration du Conseil, il prit une part active à ses travaux et fit partie d'importantes commissions temporaires (commissions chargées d'élaborer la législation théâtrale, la législation relative à la police de roulage, la réforme pénitentiaire, de vérifier et de compléter les règlements d'admission dans les emplois publics, etc). Pour l'une de ces commissions il rédigea une enquête imprimée en 1849 et restée célèbre, l'enquête sur les théâtres ; pour une autre il réunit de nombreux et intéressants matériaux relatifs à la question de l'emprisonnement cellulaire.

Le Conseil d'État fut, comme on le sait, dissout le

2 décembre 1851, en même temps que l'Assemblée nationale dont il était alors, pour ainsi dire, une émanation. Cet événement arrêta pour M. Tranchant une carrière commencée sous les plus heureux auspices. Quelque temps après il fut appelé aux fonctions de secrétaire du Conseil d'administration du Ministère de la Justice, mais il les quitta bientôt pour les libres travaux du barreau. Il continua en même temps à titre privé ses travaux administratifs et fut notamment, à cette époque, l'un des collaborateurs du Dictionnaire d'administration française publié sous la direction de M. Maurice Block.

En 1855, M. Tranchant entra dans le corps d'inspection de la grande Compagnie des services maritimes des Messageries impériales (maintenant Compagnie des Messageries maritimes) qui venait de recevoir de l'Etat, en leur donnant une nouvelle extension, les services postaux de la Méditerranée. — Après avoir dans de longues tournées d'inspection parcouru successivement, pour visiter les navires et les établissements de la Compagnie, l'Italie, l'Algérie, l'Egypte et la Syrie, il fut appelé en 1859 à remplir les fonctions de sous-directeur de l'exploitation : en 1865, il devint secrétaire général de la Compagnie, fonctions dont il est encore investi. L'année précédente, il avait été nommé chevalier de la Légion d'honneur sur la proposition du Ministère du Commerce.

M. Ch. Tranchant a été plusieurs années conseiller général d'un département de l'Ouest dont sa famille est originaire. Il a commandé pendant quelque temps le 8e bataillon des gardes nationales de la Seine, et il était dans leurs rangs lors du siége de Paris par l'armée allemande.

A l'époque des récentes élections destinées à compléter l'Assemblée nationale, M. Charles Tranchant, porté à Paris par les comités de plusieurs arrondissements et par l'important comité des chambres syndicales du commerce, eut jusqu'au dernier moment les chances les plus sérieuses de succès. Aux élections municipales du 23 juillet, il a été élu dans le VII° arrondissement (quartier Saint - Thomas-d'Aquin), par 2,093 voix contre 438 données à son concurrent.

Indépendamment des travaux mentionnés ci-dessus, M. Tranchant a publié, en 1848, un travail sur les successions *ab intestat* en droit romain et en droit français; — en 1849, une étude sur les revenus comparés de la France en 1789, et en 1848; — en 1850 le résumé d'une dissertation étendue rédigée par lui pour les épreuves finales de l'Ecole des Chartes et intitulée : « *De la nature du pouvoir royal en France sous les Mérovingiens* ». Il a inséré, en 1851, plusieurs notices dans la deuxième édition du *Guide pour le choix d'un état*, publié sous la direction de M. Edouard Charton. A diverses époques, il a fourni des articles à des recueils périodiques, notamment à la *Bibliothèque de l'Ecole des Chartes*, au *Journal des Economistes* et à quelques journaux quotidiens, où il a publié surtout soit des comptes-rendus d'ouvrages, soit des notices biographiques. Il a pris une part capitale à la rédaction d'un Règlement général des services extérieurs (navires et agences) de la Compagnie des Messageries maritimes, règlement qui a été imprimé de 1860 à 1864, à Marseille, en deux volumes in-4°, sous la forme d'un vaste Code avec pièces de développement en appendice.

M. Charles Tranchant est frère de M. Alfred Tranchant, bien connu par ses travaux dans la presse et au théâtre.

FREMYN

Élu au 1er tour de scrutin, par 1,044 voix
sur 1.917 voix.

Brun, gros, court, sympathique, quoique d'abord
un peu brusque, mais bientôt adouci, M° Frémyn
est né à Paris, le 26 février 1825.

Ses études finies et licencié en droit, il s'adonna à
l'étude du notariat, et succéda en 1855 à son père,
démissionnaire en sa faveur.

Décoré en 1867, M° Frémyn fut pendant près de
dix ans, de 1860 à 1869, adjoint au maire du VII° arrondissement, anciennement le dixième, dont la mairie fut illustrée par la célèbre réunion qui s'y tint
après le coup d'état.

Rentré dans la vie privée, il resta à Paris pendant
les deux siéges, et se conduisit comme devait le faire
l'homme qui résumait ainsi sa profession de foi : Je
veux l'ordre et la liberté! l'ordre dans les finances,
la liberté dans la discussion !

Né dans cet arrondissement, qu'il a toujours
habité, fils et petit-fils de conseillers municipaux
qui ont dignement fait leur devoir, M° Frémyn saura
marcher sur leurs traces.

M. Frémyn a été élu par ses collègues l'un des
deux secrétaires du conseil municipal.

DELZANT

(VICTOR)

Élu au 3° tour de scrutin, par 846 voix sur 1989 votants.

M. Delzant est né le 12 janvier 1823, à Anzin (Nord).

Après avoir terminé ses études au collége de Valenciennes, M. Delzant s'adonna quelque temps à la culture des lettres, et publia dans divers recueils des pièces de vers qui furent remarquées et lui valurent les félicitations et les encouragements de plusieurs écrivains et, entre autres, du célèbre Béranger. Marié de bonne heure, il fixa sa résidence à Condé-sur-l'Escaut (arrondissement de Valenciennes), et s'occupa activement, avec son beau-père et son beau-frère, de grandes entreprises de travaux publics. Ces entreprises, relatives surtout à la construction de chemins de fer et à des travaux de canalisation, le mettant en rapports journaliers avec les milliers d'ouvriers qu'il avait à diriger, lui fournirent l'occasion de commencer dès lors, et sur le terrain pratique, une étude consciencieuse de la question ouvrière.

Lorsqu'il eut quitté les affaires, il vint s'établir à

Paris, en 1855, et consacra les loisirs que lui assurait une position indépendante à diverses œuvres philanthropiques. Il est notamment depuis longtemps secrétaire et l'un des membres les plus zélés du comité de l'*Association des Artistes Musiciens* ainsi que du comité de l'*Association des inventeurs et Artistes Industriels*, fondées l'une et l'autre par M. le baron Taylor. Il a été choisi par M. de Beaulieu, de Niort, grand prix de Rome et compositeur distingué, comme l'un des exécuteurs testamentaires chargés de régler l'emploi du legs de 100,000 francs qu'il laissa pour l'organisation des concerts annuels de chant classique, si utiles pour la conservation des saines traditions de l'art musical.

Au milieu de ces occupations multiples, M. Delzant s'était formé, avec le goût éclairé de l'érudit et de l'amateur, une des plus belles bibliothèques particulières de Paris, ainsi qu'une riche collection de dessins originaux, d'estampes, de monnaies et de médailles. Cette bibliothèque, *très-riche en livres rares et précieux sur l'histoire des villes et des hommes des départements du nord de la France et du midi de la Belgique*, est plus particulièrement encore remarquable par les documents nombreux qu'elle renferme sur l'*Histoire de la Révolution française*. C'est à l'aide de ces documents, accumulés depuis plus de trente années, avec un soin persévérant et des sacrifices considérables, que M. Delzant a pu jeter les bases d'un grand travail sur tous les hommes qui ont fait partie de nos diverses Assemblées législatives depuis la convocation des Etats Généraux jusques et y compris l'Assemblée actuelle.

Lors de l'investissement de Paris, M. Delzant, bien qu'il eût l'habitude de s'absenter chaque année à pareille époque, voulut partager les dangers et les privations du siége avec ses fils dont l'un, jeune avocat, faisait partie de la garde mobile. Il s'enrôla, avec son autre fils, dans la garde nationale, et la façon dont il s'y fit remarquer par son patriotisme, son dévouement aux intérêts de l'ordre et sa sollicitude pour les souffrances des nécessiteux, fut, si nous sommes bien informés, l'un des motifs qui amenèrent un grand nombre d'habitants du quartier de l'Ecole militaire à lui offrir la candidature aux élections municipales. C'était un titre nouveau qui venait s'ajouter à ceux qu'il possédait déjà par sa compétence toute spéciale dans les questions de travaux publics et dans celles que soulève aujourd'hui la situation si intéressante des classes ouvrières. Ajoutons enfin que, dans toutes les questions relatives à *l'organisation et à l'administration des bibliothéques et des musées*, ainsi que dans toutes celles qui concernent les lettres, les sciences et les arts en général, M. Delzant, au milieu de collègues dont les études ont été dirigées dans une voie différente, pourra rendre des services sur l'importance desquels il serait superflu d'insister.

FRÉBAULT

(FÉLIX-CHARLES)

Élu au 2° tour de scrutin.

Au rez-de-chaussée d'une maison, aux murs lézardés, en partie écroulés, aux vitres brisées et dont les locataires ont dû s'enfuir après l'épouvantable explosion de la capsulerie de l'avenue Rapp (17 mai), est une salle basse provisoirement disposée en cabinet de consultation, et trop petite pour le nombre de clients qui affluent.

Là, il nous a suffi d'écouter, pour apprendre à connaître ce nouvel élu.

Tous ces êtres souffrants, qui attendent leur tour de passer dans le cabinet du docteur, se répandent en intarissables bénédictions sur son compte, et, à la mise pauvre et même misérable de la plupart d'entre eux, on comprend le surnom de *Médecin des pauvres* sous lequel on nous l'avait désigné, alors que, le lendemain de son élection, nous cherchions l'adresse du conseiller municipal.

Né à Metz, le 7 mars 1825, M. Frébault obtint, le 7 mars 1849, son diplôme de médecin (qu'une indiscrétion nous a mis en main pendant son absence et dans lequel nous avons puisé ces renseignements biographiques), s'adonna dès lors exclusivement à la pratique de son art, approfondissant principalement la chirurgie.

Chargé de la direction de trois ambulances pen-

5

dant le siége, il était, en outre, chirurgien du
15ᵉ bataillon, et comme tel ne manqua ni une nuit
au bastion, ni aucune des rares sorties qu'il fut
donné de faire à la garde nationale de marche.

A la suite de la chute de la Commune, il fut arrêté
quelques heures sur une ignoble dénonciation portant sur ses relations amicales avec un membre du
gouvernement insurrectionnel ; relations très-anté-
rieures à cet événement politique. Mais l'autorité
militaire, s'inclinant devant la vérité franchement
exposée et la force de l'opinion publique, qui s'éleva
unanime en faveur du docteur, le rendit immédiatement à la liberté.

Ancien médecin de la société Saint-François-Xa-
vier, médecin de la société des ouvriers en coffre-
fort, médecin et membre de la *société de soulage-
ments mutuels* DU CYGNE, etc., les heures de M. Frébault sont comptées, il ne nous a pas été donné de
le voir, ne voulant pas, dans un but tout personnel,
prendre le lieu de ceux qui souffrent, et nous le re-
grettons, car ils sont rares ceux auxquels on peut
appliquer cette parole : *Vitam transit benefaciendo.*

Quand nous aurons fait remarquer que toutes ces
fonctions sont honorifiques, nous dirions même oné-
reuses, s'il en coûtait quelque chose à M. Frébault
quand il s'agit d'être utile à ses semblables, aurons-
nous besoin de dire pourquoi les électeurs de ce
quartier ont envoyé M. Frébault au Conseil municipal et de signaler les services qu'il est appelé à y
rendre dans les questions d'hygiène et d'assistance
publique ?

FÉROT

(ALFRED-BERNARD-FRANÇOIS)

Élu au 1ᵉʳ tour de scrutin, par 376 voix, sur 569 votants

Portant la moustache et la mouche grisonnantes : svelte, élancé et l'allure quelque peu militaire. M. Férot est né à Arras, le 9 décembre 1825.

Chef du mouvement général des chemins de fer de l'Ouest, pendant dix-sept ans, il fut, pour ses travaux importants, nommé chevalier de la Légion-d'Honneur en 1858.

M. Férot publia plusieurs brochures sur les questions de chemins de fer et de finances ; il est même propriétaire du journal spécialiste la *Réforme des chemins de fer*.

Depuis qu'il a quitté la compagnie de l'Ouest, il fonda le chemin de fer de Gisors à Pont-de-l'Arche dont il fut l'un des concessionnaires, devint administrateur du chemin de fer de l'Orne et construisit un grand nombre de maisons dans le 8ᵉ arrondissement, notamment dans le quartier qui l'a élu.

Ne voulant pas demeurer inactif, à l'heure où la patrie avait besoin de tous ses enfants, M. Férot fut, pendant le siége, directeur de l'administration et de la comptabilité générale de la guerre. L'intelligence et l'activité qu'il déploya dans cette fonction, lui ont valu d'être promu, le 15 juin dernier, officier de la Légion-d'Honneur, pour services exceptionnels pendant la guerre.

— 68 —

VIIe arrondissement.   Quartier du Faubourg du Roule.

BINDER

(LOUIS)

**Elu au 1er tour de scrutin par 1,906 voix
sur 1,527 votants.**

Binder, pour le commerçant, c'est la maison longtemps connue sous la raison sociale Binder frères, c'est le fournisseur de presque toutes les cours; c'est de la haute gentry de la capitale, c'est une manufacture qui, à un nombre considérable d'affaires en France, joint une fabrication pour l'exportation telle, qu'elle fait pâlir celles des plus forts concurrents, et arrive à un chiffre colossal.

Succédant à son père, dont il avait longtemps partagé les travaux, M. Louis Binder, né à Paris, le 21 janvier 1820, a su, pendant vingt-cinq ans, à force d'intelligence et de travail, maintenir et faire progresser cette grande industrie qu'il a eu la joie, en se retirant des affaires, de laisser florissante et encore grandie à son frère M. Jules Binder, qui marche sur les traces de son aîné.

En 1858, il se vit décerner par les notables commerçants, ce certificat d'honorabilité qui s'appelle un siège de juge au Tribunal de commerce, et, trois élections successives qui l'y maintinrent pendant sept années, assurèrent un brevet mérité de capacité, de justesse d'idées, de vues et de sentiment du droit. Et plus tard, en 1867, nommé chevalier de la Légion-d'Honneur pour services rendus à l'industrie.

Il appartenait au riche faubourg Saint-Honoré d'envoyer siéger au Conseil municipal, comme son représentant né, celui qui, pendant vingt-cinq ans, a travaillé à rendre plus élégante et plus confortable la voiture, ce complément indispensable et cette pierre de touche du luxe, et qui, à force de goût et d'activité, a su élever la carrosserie parisienne au premier rang qu'elle occupe actuellement dans le monde.

Prenant l'essence et les termes de sa profession de foi, nous ajouterons que :

Président du jury de la classe 61 à l'Exposition universelle de 1867, et membre de la *Société d'encouragement pour les études des ouvriers*, M. Louis Binder apporte, pour remplir le mandat que lui ont confié ses électeurs, l'expérience qu'il a acquise tant dans sa carrière commerciale que dans ses études et ses travaux consulaires, cette expérience l'a mis à même d'apprécier et de connaître ce qu'il conviendrait de faire pour arriver à l'amélioration de la situation des classes laborieuses, tout en apportant dans l'administration de la Ville de Paris des modifications et des économies que nous devons tous chercher à obtenir.

WATEL

(LOUIS-JOSEPH)

**Élu au 1er tour de scrutin par 1,380 voix,
sur 2,809 votants.**

M. Watel est né à Leers (Nord), en 1822.

M. Watel n'a jamais rempli aucune fonction publique ; jusqu'à présent sa vie a été employée au travail persistant qui, joint à l'ordre et à l'économie, fait sortir l'homme du néant et l'amène sûrement en état d'être sérieusement utile à son pays.

M. Watel arrivait à Paris à 18 ans, portant toute sa fortune, mais fermement résolu d'améliorer sa situation : sobre, économe, assidu au travail, d'un caractère conciliant, il débuta aux fortifications et, à 20 ans, il avait déjà une entreprise à son compte.

Il fit de grands travaux dans la plaine de Passy, en Sologne, sur les chemins de fer de Lyon et de l'Ouest, aux digues de la Loire, à Marseille, à Sedan, Montmédy, Longwy; construisit, au chemin de fer de ceinture, la partie appelée le viaduc d'Auteuil et fit d'autres grandes entreprises de chemins de fer.

De cette longue et laborieuse campagne, M. Watel a récolté les fruits et conservé son indépendance, fleurons qu'il doit à son travail seul.

Aujourd'hui, comme par le passé, M. Watel donne tout aux grandes et nobles occupations, convaincu que c'est le meilleur exemple à donner à sa jeune famille.

RIANT

(FERDINAND)

Élu au 2° tour de scrutin.

Riant un euphémisme, les anciens disaient *Euxin.*

Il y a un M. Riant, député de la droite, mis en lumière par un rapport sur les marchés passés par le Gouvernement dit *de la Défense nationale.* Ce n'est pas celui qui nous occupe, c'est son frère, et nous ignorons s'il justifie mieux son nom, que le nouveau Conseiller municipal.

« Les spéculateurs qui avaient acheté les terrains
« situés entre les rues Saint-Lazare, de Clichy, du
« Rocher et le mur d'enceinte résolurent de former
« au centre une place circulaire à laquelle ils don-
« nèrent le nom de place de l'*Europe* et d'où de-
« vaient diverger plusieurs rues portant les noms des
« plus grandes villes du continent.

« Au centre de la place était un espace circulaire
« formant jardin et clos de grilles, sorte de square
« avant l'Haussmannisation, mais square privilégié
« où l'on ne pouvait être admis sans une carte. Le
« chemin de fer de l'Ouest passait sous le pont de
« l'*Europe.* » (Extrait des *Rues de Paris.*)

La spéculation réussit, et M. Riant père, ancien notaire, laissa à ses deux fils une fortune considé-dérable.

Né vers 1812, dans un coffre-fort, M. Ferdinand Riant n'eut qu'à se laisser vivre.

Il fit ses études au lycée Bonaparte, passa par l'Ecole centrale, puis ingénieur civil, voyagea et continua l'entreprise de son père.

Lors des élections municipales, l'Union parisienne en quête d'un candidat dans notre quartier prit M. Riant dans son giron, et, l'état de siége aidant, parvint au second tour de scrutin à le faire entrer au Conseil municipal qui en a fait l'un des membres de la commission du dernier emprunt.

Nos lettres, visites et démarches réitérées n'ont pu nous obtenir de notre Conseiller municipal et voisin que cette sèche réponse : Entre les biographes et ma vie je veux un mur !

Ce mur que M. Riant a couvert à deux reprises d'innombrables affiches électorales ; l'élection nous donne *le droit* de le franchir pour chercher sur *l'élu* des renseignements que le *candidat* nous eût donnés avec empressement.

PERRIN

(ÉMILE)

Elu au 1er tour de scrutin

M. Emile Perrin, est né à Rouen en 1815.

Fils d'un conseiller à la cour royale de cette ville, il perdit son père, au moment où il achevait ses classes, et vint à Paris, pour y étudier la peinture. Il entra d'abord dans l'atelier de Gros, puis dans celui de Delaroche. De 1839 à 1848, il exposa plusieurs tableaux, dont quelques-uns furent remarqués et lui valurent les encouragements de l'Etat ; entre autres, *la Mort de Malfilâtre*, maintenant au musée de Caen, *le Guaspre* et *le Poussin, la Vieillesse du grand Corneille*. Il écrivait en même temps dans plusieurs journaux des articles sur les arts, et des comptes rendus des expositions annuelles.

Nommé directeur de l'Opéra-Comique, en mai 1848, il y resta jusqu'en 1857. Sa direction fut, sans contredit, une des phases les plus brillantes de ce théâtre, tant par le succès des ouvrages nouveaux qu'il y fit représenter, que par le nombre des artistes distingués qu'il sût produire. L'Opéra-Comique réunissait, alors, la plupart des artistes qui, depuis, ont brillé au premier rang sur les scènes lyriques françaises et étrangères.

A la fin de 1857, M. Perrin avait cédé la direction de l'Opéra-Comique à M. Nestor Roqueplan. Il reprit alors ses travaux, et fût un des fondateurs et des collaborateurs assidus de la *Revue Européenne ;* il publia, dans ce recueil, une suite d'articles remarqués de critique d'arts et de critique théâtrale.

Appelé de nouveau, au commencement de 1862, à la direction de l'Opéra-Comique, dont la situation était devenue très-précaire, il releva, en moins d'une année, la fortune de ce théâtre, auquel il rendit toute sa splendeur. A la fin de cette dernière année 1862, M. Walewski, alors ministre d'Etat, lui confia la direction de notre première scène lyrique.

M. E. Perrin a été directeur de l'Opéra de 1862 à 1870. Comme pour l'Opéra-Comique, la gestion de M. Perrin comprend, à l'Opéra, une période d'environ dix années qui forme une des époques les plus prospères de ce théâtre. C'est sous cette direction que fut représenté l'*Africaine*, la dernière œuvre de Meyerbeer, attendue depuis tant d'années. Il fallait l'habileté et l'expérience de M. Perrin pour mener à fin la représentation d'une œuvre de cette importance dont les deux auteurs, Scribe et Meyerbeer, venaient d'être enlevés par la mort.

Au mois de septembre 1870, après la chute de l'empire, les conditions de l'exploitation de l'Opéra, qui relevait encore, dans une certaine mesure, de la liste civile, se trouvaient absolument changées, les théâtres ayant été fermés par ordre supérieur, M. E. Perrin dut se démettre de ses fonctions de directeur de l'Opéra. En acceptant cette démission, le ministre de l'instruction publique et des beaux-arts voulut néanmoins que M. E. Perrin restât administrateur provisoire, jusqu'à la réouverture du théâtre. C'est en cette qualité que, pendant la durée des deux siéges, M. Perrin a pu préserver de tout dommage et sauver d'une désorganisation complète la grande maison qui lui avait été confiée. C'est sous son initiative que la Société des artistes de l'Opéra put se constituer, et c'est grâce à cette Société, que le personnel si nombreux de l'Opéra a pu maintenir son union, et que le théâtre a pu le premier ouvrir ses portes, aussitôt que l'ordre a été rétabli dans Paris.

Au mois de juin de cette année, M. E. Perrin a été nommé administrateur-général de la Comédie Française. Il a su déjà imprimer à notre théâtre national une impulsion vigoureuse, y ramener le public et les succès, comme aux époques les plus prospères.

C'était donc à plus d'un titre, que M. Perrin se présentait aux élections municipales; sa longue et brillante carrière administrative, le goût éclairé qu'il a toujours montré dans les questions qui se rattachent aux arts, l'autorité qu'il s'y est acquise, la conduite par lui tenue, pendant le double investissement, la fermeté de caractère dont il a fallu souvent faire preuve, le désignaient d'avance au choix des électeurs. Il fut nommé au premier tour de scrutin, par une grande majorité.

M. E. Perrin a été choisi par M. le Préfet, avec M. Jobbé-Duval, son collègue, pour représenter le Conseil municipal dans la Commission permanente des Beaux-Arts au département de la Seine. Un très-intéressant rapport sur la reconstruction de l'Hôtel-de-Ville vient d'être publié par lui, au nom de cette Commission.

M. E. Perrin est chevalier de la Légion-d'Honneur depuis 1852, et officier du même ordre depuis 1865.

PRÉTET

(LOUIS-ANTOINE)

Élu au 2ᵉ tour de scrutin, par 1,195 voix,
sur 3,081 votants.

Né à Langres (Haute-Marne), le 26 mars 1809,
M. Prétet fit de très-brillantes études dans cette ville
et se lia dès lors avec son compatriote, M. Vacherot,
d'une fraternelle amitié que le temps n'a fait que
cimenter.

Alors qu'il pouvait entrer à l'Ecole normale ou
polytechnique, M. Prétet, au lendemain de la révolution de 1830, reconnaissant que l'instruction seule
pouvait faire aboutir la République en France, se
voua, à Paris même, à l'instruction primaire.

Quelques années après, en 1842, il entra comme
professeur suppléant au lycée Bourbon (depuis Bonaparte), et ouvrit, en 1845, dans la rue d'Isly,
l'institution libre qu'il transféra en 1858 rue de
Clichy, où il professe encore.

Ancien ami du malheureux Armand Carrel, membre de l'*Association démocratique des Amis de la
Constitution* en 1848, M. Prétet en fut élu vice-
président, ce qui lui valut d'être persécuté lors de
la résurrection de la loi des suspects, après l'attentat
du 14 janvier 1858, bien qu'il fut demeuré complétement étranger à la politique active depuis le coup
d'Etat.

Fidèle à ses principes, il refusa toutes les propositions de places ou de distinctions, sous tous les gouvernements. Nous terminerons par cet extrait d'une lettre adressé au *Temps*, le 30 juillet dernier, dans laquelle l'illustre académicien, M. Vacherot, député, approuvait la candidature de M. Prétet :

« Tous ceux qui le connaissent savent qu'il a été fidèle toute sa vie à ce parti républicain qui n'a jamais séparé la République de l'ordre et de la liberté. Il eût pu, chaque fois que ses amis ont occupé le pouvoir, se faire sa place à côté d'eux, s'il eût eu une ambition que son dévouement à sa cause et ses incontestables aptitudes administrative rendaient fort légitimes. Il a gardé sa profession de professeur et de chef d'institution, qu'il a constamment exercée à l'entière satisfaction des familles.

« Il n'a d'autre ambition que de remplir des fonctions gratuites, en les tenant du suffrage de ses concitoyens. S'il est élu, le Conseil municipal n'aura pas seulement un administrateur capable, ferme et vigilant, il comptera un représentant de plus de l'enseignement public et libre, pour la ville de Paris, qui en a tant besoin. »

— 79 —

IXᵉ arrondissement.   Quartier de la Chaussée-d'Antin.

MEUNIER

(CHARLES)

Élu au 1ᵉʳ tour de scrutin, par 1,292 voix.

Charles Meunier, négociant de la grande maison de blanc, 6, boulevard des Capucines, est né à Foix (Ariége), le 18 novembre 1827, après avoir fait ses études au collége de Foix, il vint les terminer au collége royal de Toulouse; reçut son diplôme de bachelier ès-lettres, fit ses études préparatoires pour l'Ecole Polytechnique, son droit, fut reçu licencié, et entra dans l'administration de l'enregistrement et des domaines. Nommé très-jeune receveur de l'enregistrement, il aurait continué sa carrière dans l'administration des finances, si une circonstance particulière ne lui avait fait connaître la fille d'un des plus grands industriels du département du Nord, M. Jean Casse, de Lille.

M. Casse accorda à M. Meunier la main de sa fille, à condition qu'il abandonnerait les fonctions publiques pour entrer dans le commerce et l'industrie.

Devenu le gendre de M. Casse, M. Meunier fut désigné pour diriger la maison de Paris, alors que son beau-frère s'occupait de la fabrique, à Lille. Tout le monde connait l'importance de cette fabrique et sa magnificence, comme le• bon marché des articles vendus par la grande maison de blanc à toutes les expositions industrielles, les premières récompenses ont été accordées à cette maison qui, grâce à la persistance, au travail et à l'initiative de M. Meunier, a acquis le premier rang en Europe.

Comme industriel, comme commerçant, M. Charles Meunier est l'un des chefs d'une des plus grandes maisons d'Europe.

Après avoir traversé les crises commerciales financières et politiques que nous venons d'essuyer depuis six ans, la grande maison de blanc, grâce à l'intelligence et à l'habileté de son chef, est restée debout, puissante et honorée, et ayant su conquérir l'estime de tout le commerce parisien.

M. Charles Meunier est un des plus grands commerçants de France; homme d'étude, c'est un économiste distingué : membre de plusieurs sociétés savantes, travailleur, instruit, il a adopté pour devise un principe qui figure en gros caractères dans un de ses ouvrages économiques (1).

« L'homme doit produire plus qu'il ne con-
« somme... Celui qui, dans le cours de la vie, a con-
« sommé plus qu'il n'a produit, a volé ses frères...
« Nous devons tous laisser après nous un excédant
« dont l'avenir profitera et dont l'accumulation dans
« la suite des siècles constituera ce qu'on appelle
« le *Progrès.* »

Esprit cultivé, chercheur, il a publié plusieurs ouvrages remarquables; il n'a qu'une pensée, c'est de ramener toutes les questions politiques et économiques à leur arbre généalogique qui, pour lui, est le commerce et l'industrie; tous ses travaux se ressentent de cette origine : *Solution de la question romaine, — l'Armée augmentée ne coûtant rien au budget, — l'Union manufacturière de France.* Tous ces ouvrages ramènent toutes les questions qui ont divisé et qui divisent le monde : au travail.

Voilà l'homme que le quartier de la Chaussée-d'Antin a envoyé au Conseil municipal. Nous pensons qu'il déploira dans la solution des difficiles affaires de la Ville de Paris, la même ardeur, le même travail et la même intelligence qu'il a apportés dans ses affaires propres.

(1) L'armée augmentée ne coûtant rien au budget.

OHNET
(LÉON)
Élu au 2ᵉ tour de scrutin

La figure pleine, l'air affable et souriant, tel se présente au milieu de ses plans et de ses dessins, cet élu du neuvième arrondissement qui habite un petit hôtel, avenue Trudaine.

M. Ohnet est né à Paris, le 25 mai 1813, architecte des monuments diocésains, il est chargé de la restauration de la cathédrale de Meaux, la chaire de Bossuet.

Décoré en 1866 pour ses travaux d'art, M. Ohnet, avant cette époque, avait été nommé adjoint au maire du neuvième arrondissement, fonctions dont il se trouva démis au 4 septembre, c'est alors que, malgré ses 57 ans, il entra dans les rangs de la garde nationale et fit le rude service des remparts. Patriote, ami de l'ordre et profondément attaché à la ville de Paris, aucune circonstance n'a pu le déterminer à s'en éloigner, et après le second siége il ne songeait qu'à reprendre ses travaux, quand le choix de ses concitoyens est venu l'appeler à ces nouvelles fonctions.

Les connaissances spéciales de M. Ohnet seront d'une incontestable utilité dans le Conseil municipal qui ne compte que lui d'architecte.

M. Ohnet ayant épousé la sœur de M. Blanche, l'un de ces deux messieurs devait se retirer, les deux beaux-frères ne pouvant siéger dans un même Conseil municipal.

A la suite d'un tirage au sort fait par les soins du Conseil de préfecture, M. Blanche a dû se retirer.

M. Ohnet a été élu questeur du Conseil.

DEHAYNIN

(FÉLIX)

Élu au 1ᵉʳ tour de scrutin par 1,192 voix sur 2,800 votants.

M. Dehaynin (Félix), est né à Paris, en 1822.

M. Dehaynin est un des grands industriels de France. Il doit à son travail et à son intelligence la position importante qu'il a acquise parmi les négociants et les industriels du pays.

En 1843, après avoir été employé quelques années dans une maison de commerce, il quitta Paris pour occuper un emploi dans une mine de charbon, à Bezenet, près Commentry, département de l'Allier ; il avait alors vingt ans. Après quelques mois de séjour, les propriétaires de ces mines le nommèrent directeur. Il y fit des travaux considérables, et fit partie trois années de suite de la commission d'évaluation des mines.

La Société de Commentry ayant acheté ces mines, M. Félix Dehaynin revint à Paris, et, pendant trois années, jusqu'en 1849, fut l'associé de la maison Dehaynin père et fils, où il consacra son temps et ses soins aux transports par eau.

En 1849, il quitta ses associés et fonda, en 1850, une maison de commerce pour les charbons, qui est devenue l'une des plus importantes maisons de Paris.

Notable commerçant, l'industrie des agglomérés de houille attira particulièrement ses efforts et ses études. Il fit faire à cette industrie des progrès considérables.

Après avoir acheté, d'un ingénieur des mines, de

Saint-Étienne, les brevets, pris en Angleterre, en Belgique et en France, d'une invention relative à une machine à agglomérer les houilles menues, il fit construire cette machine, y apporta des changements notables, en simplifia le mécanisme, augmenta la solidité et fit une application directe de la force motrice.

En 1862, il en présenta les dessins et les produits à l'exposition universelle de Londres et remporta une médaille d'honneur.

A l'Exposition universelle de Paris, 1867, il obtint, du jury, une médaille d'or.

M. Dehaynin a deux grandes usines, l'une à Gosselies (Belgique), l'autre à Marcinelle (Belgique), d'où sortent annuellement près de 150 à 170,000 tonnes de briquettes de charbon ; ces briquettes sont faites avec des charbons menus, criblés, broyés, lavés, mélangés avec une certaine partie de brai et de goudron, chauffés, et enfin fortement comprimés au moyen de machines de divers modèles.

Elles remplacent avantageusement le charbon et le coke sur les chemins de fer, comme prix, comme calorique et comme facilité d'arrimage. Indépendamment de cette fabrication, M. Dehaynin s'est intéressé à d'autres industries importantes et possède une distillerie de betteraves dont la production atteint 5000 hectolitres. Cette distillerie, qui traite également les mélasses, est situé à Montevrain (Seine-et-Marne), et est très-connue sous la dénomination de distillerie des Corbins.

Il y a six années, il a créé, à Aubervilliers, une fabrique de produits chimiques dérivés de la houille. Dans ses établissements principaux, il a établi une distillerie de goudron qui distille annuellement 10,000 tonnes de goudron.

Il expédie à son usine d'Aubervilliers ses essences de houille, qui y sont retraitées pour être livrées au commerce, sous le nom de Benzole, qui sert à la fabricatiou des couleurs d'aniline, benzines pour usages industriels.

Ces produits jouissent d'une première marque. Cette usine est appelée à devenir très-considérable par les agrandissements successifs que se propose de faire M. Dehaynin.

M. Dehaynin aime l'industrie, se plaît au milieu des ouvriers. Il a été l'un des fondateurs de la raffinerie de sucre qui est à Douai (Nord), des forges et hauts-fourneaux de Frouard (Meurthe); il est membre du conseil de surveillance de la société Cail et compagnie.

Libéral et indépendant, les habitants de son quartier l'ont élu, à une grande majorité, membre du Conseil municipal dont il est devenu l'un des secrétaires par l'élection de ses collègues.

— 85 —

X⁰ Arrondissement.   Quartier de la Porte-St-Denis.

SAGLIER

(EDME-VICTOR)

Élu au 1er tour de scrutin.

Né à Griselles, canton de Laignes (Côte-d'Or), le 30 octobre 1809 ; M. Saglier entra de bonne heure dans l'enseignement, et fut, en 1831, précepteur des princes de Bauffremont-Montmorency. Il embrassa ensuite la carrière commerciale et devint, en 1842, successeur de la maison fondée à Paris par M. James Perry, l'inventeur des plumes d'acier. Il a donné, depuis, une grande extension à l'importation des produits anglais, et, lors de la commission d'enquête pour le traité de commerce, en 1860, ses connaissances spéciales de la matière lui valent l'honneur de collaborer avec l'illustre économiste anglais Richard Cobden, à l'établissement du traité anglo-français.

Libre-échangiste en principe, mais frappé des besoins de l'industrie nationale, il avait proposé un projet de tarif, reposant sur une échelle de droits spécifiques ; ce projet ne fut pas même étudié, ce fut l'impôt *ad valorem* qui prévalut.

Après les journées de juin 1848, il entra un instant dans l'arène politique, et, pénétré de la nécessité de réunir les hommes d'ordre et de liberté, il fut l'un des fondateurs de l'*Union électorale* de la Seine, dont il devint le vice-président. Après le 2 décembre 1851, il provoqua, par un rapport qui n'était pas alors sans danger, la dissolution de cette Société et se retira de la vie politique.

Telle est la courte vie de ce Conseiller municipal, qui s'applique à suivre dans ses moindres actes la devise qu'il s'est faite : *Suaviter in modo fortiter in re,* modération dans la forme, énergie dans le fond.

— 87 —

Xᵉ Arrondissement.   Quartier de la Porte-Saint-Martin.

CHRISTOFLE
(PAUL)
Élu au 1ᵉʳ tour de scrutin par 1,750 voix.

Christofle! un de ces noms qui peignent toute une industrie française, font miroiter des affaires brassées par millions et manœuvrer toute une armée d'employés et d'ouvriers !

A toutes les expositions universelles et internationales, l'étranger reconnaît la supériorité de ces produits, essentiellement parisiens, et le tribut de son admiration se chiffre, chaque année, par des commandes considérables.

Gros, brun, la figure pleine et bienveillante avec d'épais favoris et des yeux d'un gris vif, le nouveau Conseiller est fils de M. Charles Christofle, né et mort à Paris (1805-1863), qui, le premier, en France, appliqua les procédés de H. de Ruolz et les vulgarisa au point que l'on dit *le christofle* pour désigner le bon ruolz.

Ce fut en 1841 qu'il fut question, à l'Académie, des dépôts électro-chimiques, au point de vue industriel. En 1842, M. Christofle achetait de M. Chappée, l'invention de M. de Ruolz ; puis, s'inclinant devant les réclamations fondées d'une maison anglaise, s'associait avec elle.

Mais s'apercevant bientôt que ses coassociés allaient démonétiser la découverte, dans l'esprit public, en fabricant des produits médiocres, M. Charles Christofle acquît, pour près d'un million, la propriété entière du brevet.

L'un des plus jeunes membres du Conseil, M. Paul Christofle, est né à Paris, le 8 novembre 1838, et vient par conséquent d'atteindre ses trente-trois ans.

Comme plusieurs de ses collègues, et avec quelques-uns d'entre eux, il fit ses études au collége Sainte-Barbe, puis se rendit à l'université de Gœttingue (Hanovre), étudier principalement l'allemand et la chimie dans ses applications industrielles.

Reçu docteur en philosophie de cette université, M. Christofle revint à Paris en 1862 et s'associa aux travaux de son père, auquel il succéda lors de la mort de ce dernier, arrivée l'année suivante.

M. Paul Christofle a été élu juge du tribunal de commerce en 1869, et était, depuis 1865, maire de Brunoy, lorsque son élection au Conseil municipal de Paris le força de donner sa démission : on ne peut être à la fois membre de plusieurs Conseils municipaux.

Simple garde national pendant le siége, aussitôt que le gouvernement se décida à profiter des offres de l'industrie privée, M. Christofle travailla avec ardeur pour la défense nationale et 50,000 sabres-bayonnettes sortirent de ses ateliers.

Le 18 mars arrive.

Plus intelligent ami de l'ordre que le gros des monarchistes qui, le gouvernement en tête, chercha son salut dans la fuite, M. Christofle demeure à Paris.

Les affaires cessent, les communications sont de nouveau interrompues, les commandes et les expéditions ne peuvent parvenir, n'importe : chaque jour 400 ouvriers se rendent à leurs ateliers et travaillent; le nombreux personnel des bureaux est à son poste : *ce sont toujours 500 hommes que la misère ne poussera pas à s'enrôler dans les bataillons fédérés.*

L'on voit que M. Paul Christofle sait dignement porter son nom et qu'il a largement mérité la confiance des électeurs qui lui ont donné le mandat de Conseiller municipal-général.

SÉRAPHIN

(CHARLES-ANDRÉ)

Élu au 2° tour de scrutin

Le plus jeune des trois frères de ce nom, M. Séraphin est né à Auxerre (Yonne), le 7 janvier 1827.

Après avoir fait des études spéciales, il pratiqua la mécanique de 18 à 20 ans et s'établit alors avec ses deux aînés.

C'est en 1850 qu'ils vinrent s'installer faubourg St-Martin, où ils sont aujourd'hui, et, après avoir débuté tous les trois, à force de travail, d'économie et de persévérance, ils possèdent aujourd'hui une usine qui occupe de 3 à 400 ouvriers pour la fabrication des forces motrices pour usines, principalement les sucreries.

Quand survinrent nos désastres, MM. Séraphin mirent aussitôt leur matériel et leur personnel à la disposition du gouvernement. L'on sait les lenteurs que les hommes du 4 septembre apportèrent à profiter des offres de l'industrie et de l'initiative parisiennes.

M. Charles Séraphin fut élu capitaine d'une compagnie du 110° bataillon, puis chef de bataillon en second, commandant les compagnies sédentaires, après la formation des bataillons de marche. Aussitôt que le gouvernement parut vouloir tenter quelque chose, MM. Séraphin se mirent à l'œuvre, fondirent des canons et fabriquèrent les moulins qui fonctionnèrent à la Villette.

XIe Arrondissement.	Quartier Saint-Ambroise.
XIe Arrondissement.	Quartier Folie-Méricourt.
XXe Arrondissement.	Quartier du Père-Lachaise.

MOTTU

(JULES)

Élu au 3° tour de scrutin dans ces trois quartiers, a opté pour le premier.

Le 15 septembre 1870, Etienne Arago appelait à la mairie de XIe arrondissement M. Jules Mottu, demandé comme maire par la commission municipale de cet arrondissement, à la suite de la démission de M. Coffard.

En novembre suivant, les électeurs de cet arrondissement, le plus peuplé de Paris, rappelèrent à ce poste difficile M. Jules Mottu, révoqué le 19 octobre par le maire de Paris, sur la demande du curé de Sainte-Marguerite, appuyé de son seigneur archevêque.

M. Mottu avait pensé que, dans les écoles municipales, la question religieuse devait être soigneusement écartée et réservée aux parents ; qu'il devait en faire retirer tout emblème religieux pouvant blesser les yeux et les sentiments des enfants appartenant à des croyances différentes.

Aussi tous les journaux avaient-ils jeté feu et flamme contre l'athée, contre l'iconoclaste, sans écouter la défense de M. Mottu, qui leur disait entre autres choses :

« Des maires de Paris, et je m'honore de compter
« parmi eux, s'inspirant des sentiments qui ani-
« ment la plus grande partie de la population de
« leurs arrondissements, ont substitué dans les
« écoles communales l'enseignement laïque à l'en-
« seignement congréganiste ; ils croyaient qu'un
« Etat laïque ne pouvait patroner et payer que des
« instituteurs pourvus de certificats de capacité dé-
« livrés par lui ; ils croyaient également que dans
« les écoles où les élèves pouvaient appartenir
« aux Eglises catholique, protestante, israélite, la
« foi de chacun devait être respectée, et qu'aux fa-
« milles seules appartenait le soin de faire donner à
« leurs enfants l'instruction religieuse de leur
« choix, c'est-à-dire de les conduire à l'église, au
« temple, à la synagogue, ou de s'abstenir si l'abs-
« tention leur convient.

« C'est ce respect des individualités et de leurs ten-
« dances spirituelles qui m'a fait adopter cette me-
« sure, si sévèrement jugée par plusieurs journaux,
« d'enlever dans les classes réservées uniquement à
« l'enseignement pédagogique certains emblèmes
« qui semblaient engager à l'avance la foi des élè-
« ves. Certes, c'était trop d'audace de la part de
« ces maires républicains et le martyre des congré-
« ganistes fut immédiatement dénoncé.

« Les écoles professionnelles d'où tout enseigne-
« ment religieux est exclu et dont cependant l'ex-
« cellente organisation, l'utilité pratique ont été
« reconnues de tout le monde, semblaient inspirer
« cette réforme ; de là, grande colère des ultramon-
« tains, des anciens bonapartistes, et feu sur toute
« la ligne. »

La révocation de M. Mottu ne désarma pas les or-
ganes monarchistes et cléricaux ; sa réélection et celle

de MM. Bonvalet et Clémenceau les exaspéra ; ils critiquèrent avec aigreur l'administration du XI° arrondissement : M. Mottu obtint l'imposante minorité de 75,000 voix aux élections de février et ses anciens administrés l'ont, dans deux quartiers, envoyé siéger au Conseil municipal.

Après le 18 mars, M. Mottu fit partie de la Ligue d'Union républicaine des droits de Paris, prit part comme maire à la réunion des maires et députés au II° arrondissement et signa le manifeste qui en résulta, conseillant aux électeurs de voter pour la formation du Conseil municipal de Paris.

M. Jules Mottu, que l'on peut considérer comme un républicain à toute épreuve, est né à Saint-Etienne (Loire), en octobre 1830.

Il vint se fixer, en 1857, à Paris, où il fonda, en 1869, l'Encyclopédie générale, qui en est à son quatrième volume et a pour collaborateurs : Broca, Ranc, Letourneau, Spuller, Sémérie, etc.

M. Mottu a collaboré à divers journaux, fait partie du comité de rédaction du journal hebdomadaire la *Municipalité* et est directeur du *Radical*.

LOCKROY

(ÉDOUARD)

Élu au 1ᵉʳ tour de scrutin.

Né en juillet 1840, à Paris, où il fit ses études universitaires, M. Edouard Lockroy est le fils de M. Lockroy, l'acteur-auteur, applaudi par la génération de 1830.

Il y a quelques années on remarquait, dans ce qu'on appelait la petite presse, les articles d'un nouveau venu qui signait Édouard Lockroy; un peu plus tard, ce dernier arrivé faisait sa partie dans le quatuor du *Diable à quatre*, qui lui valut les honneurs de Sainte-Pélagie. Enfin, en 1870, il fit sérieusement son entrée dans le monde du journalisme en participant à la rédaction du *Rappel*. Il faisait partie d'un groupe politico-littéraire qui comptait Auguste Vacquerie, Charles Hugo, Meurice, Louis Blanc, François-Victor Hugo, Rochefort et une foule de jeunes gens qui visent la gloire sans repos ni trêve.

M. Edouard Lockroy a publié plusieurs volumes composés d'articles parus dans divers recueils et journaux, le dernier avait pour titre : « *Les Aigles du Capitole.* » Les nombreux lecteurs de ce charmant livre se souviennent sans doute de ces pages pleines d'esprit, de verve, de colère, de fines et cruelles railleries à l'adresse de la basse-cour impériale. Ce bourdonnement et ces piqûres acérées rappellent les vers du poëte :

« Ailes d'or et flèches de flamme,
« Tourbillonnez sur cet infâme !
« Dites-lui : pour qui nous prends-tu ?

M. Édouard Lockroy, qui n'a guère plus de trente ans, compte déjà plusieurs campagnes. Il a fait, de 1860 à 1864, comme secrétaire de M. Renan, le voyage de Judée et de Phénicie, entrepris par l'auteur de la *Vie de Jésus*, principalement au point de vue archéologique. — Il était avec Garibaldi en Sicile, et enfin il vient, comme chef de bataillon d'un régiment de marche de la garde nationale, de prendre part à la douloureuse campagne qui s'est terminée par la reddition de l'héroïque capitale.

Aussi les électeurs envoyèrent-ils M. Édouard Lockoy à l'Assemblée nationale, le treizième sur la liste par 194,589 suffrages.

M. Lockoy vota naturellement contre le traité qui démembrait la France et pour le retour de l'Assemblée à Paris.

Après le 18 mars, il prit avec plusieurs de ses collègues une part active aux tentatives de conciliation qui eurent lieu; signa la déclaration des députés et des maires réunis à la mairie du IIᵉ arrondissement, conseillant de voter, et, dès que le sang eut commencé à couler, envoya, dans une lettre indignée, sa démission de député.

Se trouvant quelques jours après aux environs de Paris, il fut arrêté, conduit à Versailles, et de là transféré à la prison de Chartres et ne fut relaxé que dans le courant du mois de juin.

RANC

(ARTHUR)

Élu au 2e tour de scrutin.

Né à Poitiers, sur la place du Pilori, M. Ranc a aujourd'hui trente-huit ans. Son père lui fit donner une éducation forte, et lui inspira de bonne heure les sentiments démocratiques, un grand amour pour la liberté et un véritable attachement pour le peuple.

M. Ranc est d'une taille au-dessus de la moyenne et d'une assez forte corpulence ; il a le teint très-coloré, le regard vif, et la barbe très-forte ; sa mâchoire inférieure avancée est le signe d'une grande force de volonté. C'est un homme très-sobre, stoïque, de manières simples et d'une grande vigueur corporelle. M. Ranc parle peu ; son langage est franc, net, et quelquefois un peu dur.

Étudiant en 1853, il commença à donner des gages à la démocratie en luttant contre l'empire ; souvent poursuivi, il sut échapper plus d'une fois à la police, notamment lors de l'arrestation des rédacteurs de la *Marseillaise*.

M. Ranc fit partie du complot de l'Opéra-Comique ; il fut arrêté et déporté en Afrique. Il a raconté lui-même, simplement, les souffrances qu'il a endurées.

Il finit par s'échapper ; l'histoire de cette évasion

serait à elle seule toute une odyssée, pleine des péripéties les plus émouvantes. L'amnistie de 1859 lui permit de rentrer en France.

Écrivain de goût. journaliste de talent, Ranc ne tarda pas à se faire remarquer dans les différents journaux auxquels il collabora. Il écrivit successivement au *Courrier du Dimanche*, au *Nain Jaune*, au *Journal de Paris*, où il était chargé des comptes-rendus dramatiques. Il rentra ensuite au journal de Delescluze, le *Réveil*, et publia avec Lockroy le *Diable à Quatre*, brochure hebdomadaire.

Après le 4 septembre, il fut nommé maire du IX⁰ arrondissement; il quitta Paris assiégé, en ballon, et rejoignit, à Bordeaux, Gambetta, qui lui confia la direction de la police. Au 8 février, il fut élu député de Paris par 126,533 suffrages.

M. Ranc fut au nombre des députés parisiens qui résignèrent leur mandat à Bordeaux; il revint à Paris. On sait les événements qui survinrent.

Après l'insurrection du 18 mars, M. Ranc fut élu membre de la Commune. Il ne devait pas y siéger longtemps; la voie dans laquelle entra le nouveau gouvernement n'obtint pas son approbation; il donna sa démission le 6 avril, tout en déclarant qu'il restait soldat de la Commune, et ne quitta pas Paris.

M. Ranc est un républicain sincère, ardent, fort aimé de ceux qui le connaissent. Pour bien comprendre ce caractère à la fois prudent et hardi, il faut lire le *Roman d'une conspiration*, un de ses meilleurs ouvrages, dans lequel il s'est plu à faire une sorte d'autobiographie morale, écrite avec autant de talent que de sincérité.

PIAT

(EUGÈNE)

Élu au 1er tour de scrutin.

Une figure sympathique, type plébéien aux allures rondes, brun avec de grands cheveux flottants sur de larges épaules, tel est ce Conseiller municipal, ouvrier, fils de ses œuvres, élu par un quartier d'ouvriers.

Fils de pauvres artisans (son père était à la fois menuisier, tonnelier et ménétrier de son village.) M. Piat est né le 2 juin 1827, à Montfey (Aube.)

Il avait six ans quand sa famille vint se fixer à Paris, et, dès l'âge de sept ans, il dut se mettre à travailler. Tour à tour apprenti cotonnier aux Anglais, en équipages, menuisier en bâtiments, de nouveau peintre en équipage et menuisier en meubles, ce ne fut qu'à quinze ans qu'il se mit à la sculpture.

La position peu fortunée de ses parents ne lui avait permis de distraire de son travail que neuf à dix mois, qu'il passa, en plusieurs fois, aux écoles mutuelles, et ce fut avec ce léger bagage d'instruction que, livré à lui-même, sans direction aucune, il dut, après une année d'étude, et à l'âge de seize ans, se suffire à lui-même.

Loin de désespérer, M. Piat se mit à l'ouvrage avec courage et persévérance, une intuition toute

7

spéciale lui fit deviner ce qu'il ignorait, l'observation lui apprit ce qu'il n'avait pu étudier, et sa remarquable faculté d'assimilation compléta rapidement chez lui ce qu'il ne savait qu'incomplètement.

Il ne tarda pas à voir le succès couronner ses efforts, fit sa trouée, se créa l'indépendance et une certaine notoriété d'artiste véritable, bien qu'il mette une sorte de vanité modeste à s'intituler *artiste industriel.*

Homme d'imagination, et d'un travail facile, M. Piat est l'un des deux ou trois artistes qui ont relevé le bronze en France, en ont fait un des articles les plus estimés de Paris, et est celui qui l'a fait le plus avancer en mariant le style au trompe-l'œil le plus fini.

Aussi le voyons-nous obtenir de nombreuses récompenses, comme coopération, à toutes les expositions, et mériter les rapports élogieux de plusieurs membres de jurys aux expositions universelles : comme l'un des artistes qui ont le plus contribué à assurer la suprématie à nos industries d'art.

En 1862, une publication fort recherchée en Angleterre : *Marterpieces of industrial arte sculpture at the industriale exhibition*, détaillant une remarquable cheminée dans le style néo-grec, exposée par M. Piat, concluait ainsi : « Quant à M. Piat, il « est évidemment destiné à jouer un rôle important « dans cette alliance de l'art et de l'industrie, dont « nous apprécions de plus en plus les sérieux et charmants avantages. »

M. Piat a largement justifié les prévisions de l'auteur de ces lignes, et il lui fut donné, en outre, lors de l'exposition de 1867, de se voir décerner, par les délégués des ouvriers sculpteurs, une mention d'autant plus précieuse, que messieurs les ouvriers délégués ne s'en montrèrent pas prodigues.

Pendant le siége, M. Piat fit son service de garde

nationale, et durant deux mois transforma son atelier en une ambulance de dix lits, toute à sa charge.

Désirant que ceux qu'il emploie habituellement
ne fussent pas poussés par le besoin à s'enrôler dans
les bataillons fédérés, il crût devoir leur donner une
allocation quotidienne de trois francs, bien qu'il
n'eût naturellement aucun travail à faire exécuter.

A tous ces détails biographiques que nous tenons
de ces jeunes gens, ajoutons celui-ci qui a bien son
importance :

Essentiellement bon et pacifique, M. Piat, avec le
crayon ou le burin, a bientôt puni l'agresseur par
une carricature qui reproduit plus encore les ridi-
cules moraux que les défectuosités physiques.

Dans le Conseil M. Piat se propose d'apporter surtout ses soins aux écoles d'application pour les produits d'arts industriels, et compensera largement,
par sa profonde connaissance de cette matière, ce
que la forme pourrait avoir d'incorrect.

M. Piat est gendre de M. Joseph Pollet, orga-
niste de grand talent, professeur de plusieurs artistes lyriques célèbres, et qui, d'abord enfant de la
maîtrise, puis maître de chapelle, est depuis cin-
quante-sept ans attaché à l'église métropolitaine.

DENIZOT

(HIPPOLYTE)

Élu au 1er tour de scrutin.

Né en 1834, à Dijon, où il a fait ses classes, M. Denizot s'est adonné de bonne heure à l'étude de la chimie. En 1862, ses capacités le faisaient choisir pour construire et diriger l'une des plus importantes usines, pour l'affinage de l'or et de l'argent, que possède la capitale, celle de MM. Ve Lyon Allemand et fils.

Établi, depuis cette dernière époque, dans le douzième arrondissement, M. Denizot s'est attiré l'estime et l'affection de ses habitants. Il s'était, depuis longtemps, mêlé au mouvement démocratique et libéral, et, voulant entrer dans la voie des réformes, que la marche du progrès doit nécessairement apporter à notre état social, il fit partie d'une *loge maçonnique* : les *Élus d'Héram*, dont il devint le vénérable (président); sous son impulsion, les travaux philosophiques de cette loge eurent pour principal but l'étude de la morale, et nous ajouterons que les principes qui y furent adoptés sont d'accord avec ceux qui ont été développés dans le journal *la Morale indépendante*.

Le lendemain du 4 septembre 1870, M. Denizot fut choisi, par la Mairie de Paris, pour coopérer, en qualité de premier adjoint, à l'administration de la mairie du XII° arrondissement.

Le zèle avec lequel il s'acquitta de ses fonctions, pendant le siége de Paris, lui fit continuer son mandat par le suffrage universel, lors des élections générales des maires et adjoints de Paris, le 8 novembre 1870, et il occupait encore les fonctions de maire adjoint au douzième arrondissement, quand il fut élu membre du Conseil municipal de Paris.

DUMAS

(ERNEST)

Élu au 1er tour de scrutin.

M. Dumas, âgé de quarante et un ans, est né à Paris, d'une famille d'honorables commerçants, sans fortune, il fut employé, pendant seize ans, au chemin de fer de Lyon comme garde magasin comptable; une activité et une bonté que rien ne rebute, pas même l'ingratitude, aimant à rendre service, un sens droit, une intelligence rare des affaires, voilà pour l'homme.

Républicain sincère, comme tout cœur élevé, la corruption impériale, l'abaissement progressif du niveau de l'intelligence politique devaient lui fournir un vaste et noble champ, à l'occasion des élections, pour développer son activité.

Il organisa des réunions privées et publiques, dans lesquelles Emm. Arago, Garnier-Pagès, Jules Simon, Gent et autres purent se faire connaître à leurs électeurs, qui choisirent toujours pour président M. Dumas qui, par son sens droit, son esprit de conciliation réussissait toujours à écarter tout désordre.

Ses efforts furent couronnés de succès, la démocratie triompha sur toute la ligne, mais M. Dumas y perdit sa place, la compagnie générale P. L. M.

ne pouvait tolérer dans son sein un aussi dangereux employé qui démocratisait si bien les autres, il fut révoqué !

Il entreprit pour vivre le commerce des vins. Au 4 septembre, nous le retrouvons à la mairie du XII° arrondissement, investi de fonctions municipales provisoires, avec son collègue et ami Denizot, par une délégation du *maire de Paris*, Etienne Arago.

La commotion de Sedan devait avoir inévitablement son contre-coup dans sa grande âme, saisissant son arme, il fut un des premiers inscrits, quoique père de famille, parmi les volontaires des compagnies de marches ; mais, appelé définitivement par le suffrage de ses concitoyens aux fonctions d'adjoint au maire, 8 septembre 1870), il trouva dans ces difficiles fonctions un aliment à son active bonté dans le moment, hélas ! si terrible du siége de Paris.

Il fit partie de plusieurs commissions organisatrices jusqu'au 18 mars, et fit beaucoup de bien.

Alors, il subit le sort de presque toutes les municipalités; expulsé par le Comité central, réfugié à la mairie du II° arrondissement, il put, néanmoins, faire rentrer à temps, dans les caisses de l'Etat, une somme de 134,000 francs, produit de la vente de denrées fournies par le ministre du commerce, dans le moment du siége.

Il crut cependant, jusqu'au 26 mars, à une réconciliation avec Versailles. Erreur qui fut de courte durée; il resta néanmoins à Paris, non sans danger; tour à tour menacé, arrêté, puis relâché, la Commune hésita cependant à le faire disparaître, s'arrêtant devant la popularité de l'homme de bien, un des plus connus de l'arrondissement.

Il continua dans le 52° bataillon à faire un service d'ordre dans l'arrondissement; ce bataillon refusait son concours à la Commune et ne voulut jamais marcher contre Versailles.

A la reprise de Paris, le gouvernement de Versailles le réinstalla d'office dans ses fonctions municipales, comme adjoint au maire ; là, encore, il put panser bien des plaies, calmer bien des douleurs, rendre de grands services, sans s'occuper de la couleur du drapeau. Il continua dans ses nouvelles fonctions à justifier plus que jamais sa devise : *Faire du bien ?*

Ses concitoyens, en témoignage de leur gratitude pour son dévouement et de sa bonne administration pendant le siége, l'envoyèrent au Conseil municipal, où il siége au centre gauche, vis-à-vis le président, et où, par sa grande aptitude aux affaires et son énergie, il peut rendre de grands services.

PERRINELLE

(CHARLES)

Élu au 2ᵉ tour de scrutin.

Gros, la figure pleine et souriante, encadrée d'un collier de barbe noire, M. Perrinelle est né, le 8 mai 1832, à Bosguérard de Marcouville (Eure). Après avoir fait ses études classiques, il entra dans la Banque, et, en 1854, vint se fixer à Paris. A cette époque il collabora à plusieurs revues et journaux illustrés. De 1861 à 1871, M. Perrinelle fut chef de bureau à la comptabilité du chemin de fer de Lyon.

Il voulut, avec M. Lesage, son collègue au Conseil général, créer une vaste association entre les trois cent mille employés de chemin de fer, contrebalancer ainsi dans les conseils d'administration, par l'achat collectif d'actions, l'influence des capitalistes et obtenir une rétribution plus équitable pour la masse des agents.

N'ayant pu obtenir du gouvernement impérial l'autorisation nécessaire, MM. Perrinelle et Lesage durent renoncer à leur heureux projet d'association et M. Perrinelle, pour se dédommager quelque peu, contribua de toutes ses forces à fonder l'association de secours mutuels des employés du Paris-Lyon-Méditerranée.

Pendant le siége, M. Perrinelle fut membre du conseil d'armement de son arrondissement et apporta son concours actif et désintéressé à la mairie du XIIᵉ arrondissement, consacrant à la Défense nationale tout son temps, devenu libre par suite de l'interruption des communications.

TRÉLAT

(ULYSSE)

Élu au 2ᵉ tour de scrutin.

Le doyen du conseil général né en 1798, à Montargis, est fils d'un notaire. M. Trélat s'engagea, en 1813, comme chirurgien militaire, et fut attaché à l'hôpital de Metz. Il fut atteint du typhus en soignant les malades, mais échappa au danger. En 1814, il se consacra à l'enseignement médical, mais, au retour de Napoléon, il défendit Paris contre les envahisseurs, membre de la franc-maçonnerie, il fit partie de la loge des *Amis de la vérité*. En 1820, il prit part aux luttes qui éclatèrent entre les gardes du corps et les étudiants. Il conspira dès lors pour le renversement du trône de Louis XVIII, et refusa un poste que lui offrait le duc d'Orléans, pour se consacrer à la cause républicaine.

Il fit une propagande active dans les départements et suivit, à Poitiers, les détails du procès du général Berton. Il reçut, au pied de l'échafaud, le dernier adieu de cette victime du despotisme. En 1827, il fonda, avec d'autres carbonari, la société *Aide-toi*, *le ciel t'aidera!* et fut élu membre de la Commune centrale de Paris. Combattant de 1830, il fut nommé commissaire à l'Hôtel-de-Ville et protesta contre l'élévation de Louis-Philippe. Bientôt on l'accusa de complot, il se défendit lui-même devant la Cour d'assises et fut solennellement acquitté, après une profession de foi hautement démocratique. Il se fit remarquer par son dévouement pendant le choléra de 1832. Puis il alla à Clermont-Ferrant prendre la direction du *Patriote du Puy-de-Dôme.* Bientôt poursuivi, il fut condamné à trois ans de prison et envoyé aux cabanons de Clairvaux. Rendu à la liberté, il reprit ses études médicales et obtint, au concours, la place de médecin en chef de la Salpêtrière. En 1848, il fut envoyé comme commissaire dans le Puy-de-Dôme, et 7,000 voix lui décernèrent un siége à la Constituante. Le 12 mai 1848, il devint ministre des travaux publics. La dissolution des ateliers nationaux lui ayant paru dangereuse et impolitique, il donna sa démission. Puis, il rentra à la Salpêtrière comme médecin des aliénés. En juillet 1849, il fut décoré de la Légion-d'Honneur. La vie de M. Trélat a été depuis consacrée au soulagement de l'humanité, et l'élection au Conseil municipal est un nouvel hommage rendu à sa probité et à son dévouement.

PAYMAL

(HENRI)

Élu au 2ᵉ tour de scrutin.

Né à Paris, le 31 mai 1831, M. Paymal fit ses études commerciales et entra dès l'age de quinze ans dans le commerce des bois de construction.

Ses débuts furent laborieux et pénibles, mais il parvint bientôt à s'établir et passa sa vie à travailler loin de toute fonction, et resta étranger à la politique.

Pendant le siége, il fut élu capitaine au 42ᵉ bataillon.

Quand arriva le 18 mars, il était absent de Paris.

La sympathie qu'il s'était conciliée, pendant la guerre, l'estime des négociants du quartier, son honorabilité et sa connaissance des affaires, les décidèrent à nommer M. Paymal, leur représentant au Conseil municipal, où M. Paymal siége à droite.

BOUVERY

(FRANÇOIS-ALPHONSE-ÉMILE)

Élu au 2ᵉ tour de scrutin.

Né à Nemours, le 27 mars 1826, M. Bouvery est, comme plusieurs de ses collègues, un ancien élève de l'institution Sainte-Barbe.

Après avoir fait son droit et son stage de clerc, il était notaire à Beauvais quand, en 1861, il acheta, de M. Hilleman, l'étude sise dans le quartier de la Maison-Blanche, annexée à Paris depuis un peu plus d'un an.

Appelé par Arago à faire partie de la municipalité du XIIIᵉ arrondissement, et maintenu aux élections de novembre, M. Bouvery apporta à ces fonctions ses lumières et tout le temps que lui laissait son étude, en ce temps-là peu surchargée de besogne, ce qui ne l'empêcha pas de conserver ses clercs.

Pendant la Commune, en dépit des dangers qui le menaçaient au double titre d'adjoint du parti de l'ordre et de notaire, ces derniers ayant été supprimés par un décret de la Commune, M. Bouvery resta à son poste pour sauvegarder les intérêts de ses clients et pût échapper aux périls de la dernière heure, alors que s'accomplissait le drame des dominicains d'Arcueil.

COMBES

(FRANÇOIS-GUILLAUME)

Élu au 2° tour de scrutin

Une figure intelligente et énergique qui semble gravée en creux dans un buisson de barbe et de cheveux bruns grisonnants, tel est cet instituteur.

Né le 21 septembre 1828 à Espalion (Aveyron), M. Combes fit ses études à Rhodez et vint ensuite se fixer à Paris.

En 1829 il ouvrit l'institution libre qu'il dirige encore aujourd'hui.

Sous l'Empire, il se fit connaître par ses opinions républicaines, qui s'affirmèrent notamment par le zèle avec lequel il soutint la candidature des députés de l'opposition.

Au 4 septembre, M. Arago nomma M. Combes adjoint à la mairie du XIIIᵉ, fonctions qui lui furent confirmées par les électeurs, au vote de novembre.

Pendant la Commune il fit partie de la *Ligue d'union républicaine des droits de Paris*, et agit, dans cette circonstance, comme tous ses collègues, les maires et les députés.

Il venait de reprendre l'exercice de ses fonctions lorsque ses administrés, après avoir envoyé leur maire, M. Pernolet, à la Chambre, élirent conseillers municipaux ses deux adjoints : MM. Bouvery et Combes.

GILLE

(FRANÇOIS)

Élu au 1ᵉʳ tour de scrutin.

Né à Péronne, le 20 mars 1820, M. Gille est un ancien pharmacien de première classe, et a exercé sa profession pendant dix-sept ans. Depuis onze années, propriétaire dans le quatorzième arrondissement; il est, depuis sept ans, administrateur du Bureau de bienfaisance, et délégué du Bureau auprès de l'administration de l'Assistance publique, pour y défendre les intérêts des malheureux.

Successivement, administrateur et vice-président de la Société de secours mutuels de cet arrondissement; il est, depuis quatre années, membre du Comité d'hygiène, chef d'ambulance pendant le siége; l'on voit que les choses municipales et administratives lui sont familières.

M. Gille doit à son travail seul la position indépendante qu'il occupe : elle lui permet de consacrer au service des intérêts municipaux son temps, son intelligence et son activité, et de mettre toute la volonté et l'énergie dont il est doué, pour remplir. avec conscience, la mission que lui ont confiée les électeurs qui l'ont envoyé siéger au Conseil municipal de Paris.

« Je suis conservateur libéral, j'aime le progrès et je hais la routine, » dit M. Gille dans sa profession de foi; alors, M. le Conseiller, ceignez-vous les reins, car nos administrations vous donneront de la tablature.

BAUDOUIN

(ACHILLE)

Élu au 2° tour de scrutin.

Le teint brun, le profil nettement accentué et que font encore ressortir la barbe blanche et les cheveux blancs qui l'encadrent, tel se présente M. Baudouin, né à Rouen le 10 décembre 1807.

Après avoir fait ses études dans le collége de sa ville natale, comme boursier communal, il débuta commercialement dans l'industrie spéciale de cette grande cité ouvrière : la rouennerie.

Il vint, en 1831, à Paris, prendre, avec son frère aîné, rue des Récollets, 3, une fabrique d'équipements militaires, à laquelle ils joignirent, l'année suivante, la fabrication des toiles cirées, et, peu après, celle des enduits et dallages en bitume qu'ils cédèrent, en 1865, à la compagnie générale des asphaltes.

Son frère s'étant retiré en 1861, M. Baudouin céda, en 1869, sa fabrication d'équipements à MM. Herren Schmidt, de Strasbourg, et, se restreignant désormais à celle des toiles cirées, il transporta son domicile au siége de la fabrique, rue de la Tombe-Issoire, 25.

Pendant les deux siéges, comme pendant toute sa vie, M. Baudouin était demeuré étranger à la politique et à toute fonction publique. Ses concitoyens, en l'envoyant au Conseil municipal, ont voulu être représentés par un bon et loyal républicain.

GAVREL

Élu au 3ᵉ tour de scrutin.

Né, le 29 janvier 1809, d'artisans honnêtes et laborieux, M. Gavrel comprit de bonne heure qu'un travail persévérant pouvait seul assurer l'indépendance de son avenir ; aussi, dès l'âge de seize ans, était-il parvenu, comme ouvrier peintre en décors, à se suffire à lui-même.

Plus tard, devenu entrepreneur de peinture, il se tint constamment à la tête de son industrie et publia, sous le titre du *Décorateur parisien*, un album colorié représentant diverses décorations intérieures d'appartement.

Élu président par la chambre syndicale des entrepreneurs, M. Gavrel fut un des champions les plus sincères de la liberté industrielle, et ne cessa de lutter contre l'ingérence autoritaire de l'administration municipale dans le règlement des travaux particuliers.

Nommé, en 1852, adjoint à la mairie de Montrouge, avant l'annexion, M. Gavrel fut appelé aux mêmes fonctions, en 1859, au XIVᵉ arrondissement, puis à celles de maire, en 1869.

Ses sympathies bien connues pour les ouvriers l'ont fait réélire, à l'unanimité, président de la Société de Secours mutuels de son arrondissement,

8

dont les membres lui avaient déjà, il y a quelques années, décerné une médaille d'honneur, comme témoignage de reconnaissance pour son dévouement à la Société.

Resté à Paris, pendant le siége et pendant la Commune, M. Gavrel se montra digne des positions administratives qu'il avait occupées précédemment, soit en s'enrôlant, malgré son âge, dans la garde nationale chargée de la défense de Paris, soit en organisant le service de comptabilité et d'économat à l'ambulance Saint-Pierre, fonctions difficiles et délicates.

Dans les différents postes qu'il a été appelé à remplir, il s'est toujours montré partisan de la liberté, accueillant avec bienveillance tous ceux qui sollicitaient le concours de son expérience et de ses conseils.

Les habitants du quartier ne pouvaient faire un meilleur choix en envoyant M. Gavrel au Conseil municipal, où il est appelé à rendre d'importants services dans les questions pratiques et surtout dans celles qui concernent le bâtiment, si peu représenté au Conseil.

JACQUES

Élu au 3ᵉ tour de scrutin.

M. Ed. Jacques est né à Saint-Omer, le 26 septembre 1828; mais il doit à la munificence de la ville de Lille, où sa famille s'était fixée, d'avoir fait des études qui lui ont permis d'entrer dans l'enseignement dès 1846, et d'être, bientôt après, nommé directeur d'une École publique de sa ville d'adoption.

En 1848, il servit très-chaleureusement la cause républicaine, soit comme écrivain dans le *Messager du Nord*, soit comme orateur du club Vauban. Plus tard, il abandonna l'Université, laissant après lui des regrets dont M. Vassé, inspecteur de l'Académie, s'est fait l'interprète dans une lettre que nous avons sous les yeux, tout à l'éloge du professeur démissionnaire. Il entra dans la carrière industrielle, dans la (maison Plaideau-Gam et Jacques), où il est encore actuellement.

Son goût prononcé pour l'étude lui avait fait prendre des inscriptions pour la licence ès-science à la Faculté de Lille; mais, depuis son établissement à Paris, il s'est appliqué aux questions d'économie politique, il a pratiqué les hommes et les choses, et il a manifesté (*coram populo*) ses opinions républicaines ; voilà certainement la raison qui ont déterminé ses concitoyens à le faire sortir de l'obscurité où il paraissait se complaire.

Extrait de l'*Echo du Nord* du 2 août 1871 :

« Nos concitoyens apprendront avec plaisir sa
« nomination aux fonctions de Conseiller munici-
« pal de la ville de Paris, ex-directeur d'une de nos
« Ecoles publiques, qui a laissé au milieu de nous
« de très-bons souvenirs. »

Le *Propagateur du Nord*, organe républicain, ajoute :

« M. Ed. Jacques, dont les opinions républicaines
« s'étaient affirmées, à Lille, dès 1848, est de plus
« un homme de cœur. »

A notre époque d'abaissement moral, l'aîné de six enfants, il a spontanément et généreusement consacré dix années de son travail (de 18 à 29) *à ses frères et sœurs, ne faisant pas même la plus petite réserve pour lui-même* ; et aujourd'hui il a pour son père infirme et sa mère âgée la plus respectueuse tendresse.

MAUBLANC

(JULES)

Élu au 2ᵉ tour de scrutin.

Fils d'un avocat qui fit percer et bâtir, à Vaugirard, alors non annexé, une rue qui porte son nom, M. Maublanc y est né le 1ᵉʳ novembre 1813.

Après avoir fait ses études au lycée Bourbon, il était étudiant quand éclata la révolution de 1830. Membre d'une société d'étudiants, entraîné par ses instincts de liberté, il leur dut d'être arrêté, pour la première fois, en 1831.

Les injustes sévérités dont il fut victime à cette époque et son séjour dans les prisons avec Blanqui, Cavaignac, etc., le jetèrent dans la politique active et militante, aussi visita-t-il successivement toutes les prisons de Paris, depuis la Force jusqu'aux forts de Bicêtre et d'Issy, et fut-il blessé dans la guerre des rues.

Loin de négliger pour cela ses études, il étudia le droit jusqu'au grade de docteur, fut élève de l'école des Chartes, fit sa médecine et commit quelques ouvrages dramatiques, divers opuscules et des articles dans plusieurs œuvres et journaux, entre autres au *Magasin Pittoresque*.

En 1849, M. Maublanc défendit Blanqui devant la haute cour de Bourges et depuis lors rentra dans la vie privée.

Pendant le siége, il prêta son concours laborieux à la mairie de l'arrondissement et fut arrêté dans les premiers jours de la Commune.

A la rentrée des troupes de Versailles, il s'empara de la mairie avec M. Michel, maire actuel, et, sans argent, meubles ni employés, tous deux réorganisèrent les services.

Devenu plus calme par l'âge et la réflexion, M. Maublanc croit toujours à une résurrection sociale, amenée petit à petit par la diffusion des lumières; rien n'a changé ses conviction de républicain sincère; nous espérons qu'il mourra dans l'impénitence finale.

JOBBÉ-DUVAL

(ARMAND - MARIE - FÉLIX)

Élu au 1ᵉʳ tour de scrutins

Né à Carhaix (Finistère), le 16 juillet 1821, M. Jobbé-Duval vint à Paris, en 1829, entra à l'atelier de M. Paul Delaroche, exposa dès 1841 et y figura depuis ce temps chaque année ; les tableaux qu'il envoya aux différents Salons ne constituent qu'une part très-minime de son œuvre. La peinture décorative dans les monuments publics, tant à Paris que dans nos grandes villes de France, est l'expression bien plus complète de son talent. A Paris, son premier travail décoratif fut la chapelle Saint-Charles-Boromée, à Saint-Séverin, puis la chapelle de Saint-Denis, à Saint-Sulpice, Saint-François-de-Salle, à Saint-Louis-en-l'Ile, une grande madone, à l'église d'Ivry, le côté gauche de la nef et le pourtour de l'orgue, à la Trinité, la chapelle de l'Ecole normale, rue d'Ulm ; trois portraits à la galerie d'Appolon, au Louvre ; les camaieux de la grande salle du tribunal de commerce, des figures aux deux salles d'assises, incendiées ; les décorations du foyer et de la salle du théâtre de la Gaîté ; à Versailles, les quatre grandes figures des Saisons, dans le grand salon de la préfecture ; à Lyon, la chapelle de l'Ecole vétérinaire, quai de Vaise ; à l'Hôtel-de-Ville, six figures, grande salle des Fêtes ; à Troyes, chapelle de la Visitation ; à Bordeaux, six panneaux et plafond de la cour d'assises ; à Rennes, trois panneaux, plafond de la 3e chambre de la police correctionnelle, contenant treize tableaux.

Nommé, le 4 septembre, adjoint du XVe arrondissement, il fut, par l'élection du 4 novembre, confirmé dans ses fonctions, et déploya toute son énergie pour seconder les efforts de Paris contre les Prussiens.

Quoique démissionnaire, après la sortie des Prussiens de la capitale, il annonça à ses électeurs, par voix d'affiche, qu'il resterait à son poste jusqu'à ce qu'ils fussent appelés à réélir leur municipalité.

C'est ainsi qu'il fut témoin de tous les agissements qui précédèrent et suivirent le 18 mars, il ne quitta la mairie du XVe, qu'après les élections de la Commune.

Un des fondateurs de la ligue des droits de Paris, il prit part à tous les efforts tentés par elle pour éviter les désastres du mois de mai, le XVe arrondissement, au mois de juillet, l'envoya siéger au Conseil municipal.

CHEVALIER

(HENRI-ÉMILE)

Elu au 2ᵉ tour de scrutin.

Né à Châtillon-sur-Seine (Côte-d'Or), le 13 septembre 1828, M. Henri-Émile Chevalier, fils de M. Gabriel Chevalier, banquier, fit ses études aux colléges de cette ville, de Chaumont et de Troyes, et s'engagea, comme volontaire, au 7ᵉ dragons, en 1847.

Dès cette époque, il collabora à divers journaux de départements avec un de ses camarades de régiment, poëte et vaudevilliste bien connu aujourd'hui, M. Charles Dubois de Gennes, et se fit remplacer en 1850 pour se livrer à la littérature. En 1851, il fonda le *Progrès de la Côte-d'Or*, et se vit arrêté et incarcéré à Dijon, trois jours après le coup d'Etat du 2 décembre ; et, après avoir pendant trois jours défendu le drapeau républicain dans sa ville natale, il fut exilé. M. Chevalier se rendit à New-York et donna des feuilletons au *Courrier des États-Unis*. Il passa l'année suivante au Canada et prit à Montréal la direction de deux journaux démocratiques, *la Ruche littéraire* et *le Moniteur canadien*. Il fut, en outre, bibliothécaire de l'Institut canadien et membre de la commission géologique de ce pays. Il voyagea longuement dans les possessions britanniques de l'extrême Nord et écrivit divers volumes de romans, d'histoire et de sciences naturelles. Rentré en France, au commencement de 1860, à la suite de l'amnistie, il fut attaché à la rédaction de divers journaux parisiens, écrivit des lettres sur le Canada, dans l'*Opinion nationale*, entreprit une série de romans, sous le titre général de *Drames de l'Amérique du Nord*, et publia encore divers autres ouvrages. Nous citerons de M. E. Chevalier : Les *Pieds noirs*, la *Huronne*, la *Tête plate*, les *Nez percés*, *Poignet d'acier*, les *Derniers Iroquois*, ces six volumes formant la première série des *Drames de l'Amérique du Nord*; la *Fille des Indiens rouges*, *Jacques Cartier*, commençant la seconde série; puis, sous le titre général de *Légendes de la mer*, *Trente-neuf hommes pour une femme*, le *Pirate de Saint-Laurent*, les *Requins de l'Atlantique*, un roman politique sur le Canada : *l'Enfer et le paradis de l'autre monde*, publié au Canada, dix ans auparavant, et sans compter d'autres ouvrages en collaboration, notamment les *Trois babylones*, avec M. Th. Labourieu; *les Auberges de France*, *le Soleil d'or*, *le Grand Saint-Éloi*, *l'Hôtel de la poste*, avec M. Léon Clergeot; divers articles et études dans le *Messager des théâtres*, la *Revue moderne*, la *Tribune*, le *Globe*, le *Musée des familles*, le *Monde illustré*. Chez l'éditeur Tross, il fit paraître la magnifique réimpression de T. Sagard. Il est aujourd'hui l'un des principaux collaborateurs de *l'Économie*, avec MM. Joigneaux, Luchet; et de *la Chasse illustrée*; enfin son nom est également répandu dans les arts, les sciences et les lettres.

Après la révolution du 4 septembre, M. Chevalier fit partie de la commission municipale du XV⁰ arrondissement; inspecteur général des approvisionnements, il s'engagea dans la compagnie de marche du 82⁰ bataillon, commandée par le brave capitaine Carle de Bréa. Ancien secrétaire de l'Institut canadien de Montréal, membre de la société des Sciences historiques et naturelles de l'Yonne, l'un des éditeurs des *Murailles révolutionnaires* dont il a écrit la préface; M. Chevalier, républicain sincère, éprouvé, siége naturellement à gauche.

THOMAS

(LÉON)

Elu au 2ᵉ tour de scrutin, par 732 voix sur 989 votants.

L'un des plus jeunes membres du Conseil municipal, M. Léon Thomas, est né à Paris, le 7 juillet 1840. Après avoir passé, avec dispense d'âge, un brillant examen de baccalauréat; il fut reçu à l'Ecole centrale où il obtint, en 1860, un des premiers diplômes d'ingénieur civil.

Il entra, à ce titre, dans la manufacture de M. Gouin, aujourd'hui son collègue, et ensuite chez M. Parent, constructeur de chemins de fer, puis se rendit en Italie.

Là, ingénieur et entrepreneur de ponts en fer et de viaducs à piles métalliques, il exécuta de nombreux et remarquables travaux, entre autres le viaduc de Castellanetta, le plus important qui existe.

Rentré en France, M. Thomas devint le gendre de M. Henri Grellou, membre de la Chambre de commerce, et se rendit propriétaire de l'une des plus considérables fabriques de produits chimiques, connue sous le nom de Manufacture de Javel.

Appelé, pendant la guerre, par M. Dorian, à faire partie de la commission d'armement du ministère des travaux publics, M. Thomas établit, dans les Carrières d'Amérique, une importante fabrique de nitro-glycérine qui, en dépit des affirmations pessimistes du comité d'artillerie, fonctionna tout le temps du siége sans qu'on eut un seul accident à déplorer.

Bien que fort éprouvée pendant les deux siéges, et fréquemment visitée par les obus, la fabrique de Javel ne cessa de produire, le travail se continua presque tout le temps, et de nombreux secours *en nourriture* furent distribués.

M. Thomas sut ainsi s'acquérir l'estime des électeurs de ce quartier, intéressant et fort oublié par la précédente administration, et vient d'être envoyé au Conseil municipal à une très-forte majorité, principalement comme défenseur de l'industrie dans les questions d'octroi.

M. Thomas siége au centre, entre MM. Callon et Desouches (républicains).

LECLERC

(ALPHONSE)

Élu au 9ᵉ tour de scrutin.

Né à Passy, alors commune suburbaine, le 17 décembre 1826, M. Leclerc fit à Paris ses études commerciales. Aussitôt après, il entra comme commis dans la maison dont il est aujourd'hui le chef depuis.

Comme son collègue au Conseil municipal, M. Paymal, M. Leclerc est dans les bois de construction, et, jusqu'à ce jour, demeuré complétement étranger à la politique.

Simple garde national dans le 38ᵉ bataillon, M. Leclerc doit son élection à l'estime et à la sympathie dont son nom est entouré dans le quartier.

Républicain sincère, M. Leclerc siége au centre gauche et semble avoir hérité des opinions de son malheureux frère tué aux journées de juin, alors qu'il combattait dans les rangs de la garde nationale, aux cris de *Vive la République!*

BLANCHE

(ANTOINE-ÉMILE)

Élu au 2ᵉʳ tour de scrutin

Fils du célèbre médecin aliéniste, Esprit Blanche, mort à Paris, en 1852, M. Blanche est né à Paris, en 1820. Il n'a écrit que sa thèse inaugurale (1848) : *Du cathétérisme œsophagien chez les aliénés* et la *Description* d'un mandrin articulé spécialement destiné à ses malades.

A la mort de son père, il prit la direction du grand établissement de santé, fondé par celui-ci et fut décoré en 1850, et y ouvrit une ambulance pendant le siége.

M. Emile Blanche est ordinairement appelé par les tribunaux pour juger de l'état mental des aliénés et prévenus, lorsque la défense argue de l'aliénation mentale.

La profonde estime et la vive sympathie dont ce nom jouit dans l'arrondissement et les mérites de M. Blanche avaient porté les électeurs de son quartier à le nommer Conseiller municipal. On a vu, en lisant l'article Ohnet (*page* 81), pourquoi M. Blanche avait dû céder la place à son beau-frère.

DEHAYNIN

(CHARLES-ALBERT).

Elu au 2ᵉ tour de scrutin par 382 voix sur 504 votants.

M. Dehaynin (Charles-Albert), est né à Paris, le 1ᵉʳ janvier 1841.

Elève du collége Sainte-Barbe, il se signala par de nombreux succès au lycée Louis-le-Grand et au concours général. On trouve encore, au cahier d'honneur du lycée, toute une séria de compositions du jeune lauréat; quelques-unes d'entre elles ne manquent pas d'une certaine originalité, assez rare en général dans les productions de ce genre.

De là, il passa à l'Ecole de Droit ; puis, il se jeta dans les affaires.

Il exerça, successivement ou simultanément, la Banque, le commerce des grains, l'industrie du gaz, la fabrication des agglomérés de houille, l'entreprise des travaux publics et la construction des bâtiments. En dernier lieu, il prit une part importante à la mise en état de défense des fortifications de Paris. Et, comme son confrère et collègue, M. Hunebelle, il fut félicité par le ministre de la guerre, pour l'activité extraordinaire imprimée à cette opération.

Pendant le siége, il servit avec le grade de lieutenant au génie auxiliaire.

M. Dehaynin siége au centre et est neveu de M. Félix Dehaynin.

MARMOTTAN

(HENRI)

Élu au 2e tour de scrutin

A peine âgé de 38 ans, M. le docteur Marmottan est l'un des plus jeunes membres du Conseil municipal, et est né à Valenciennes, le 30 août 1832.

M. Marmottan a été nommé adjoint au maire du XVIe arrondissement, après le 4 septembre, et il a exercé ces fonctions, pendant tout le siége, à la grande satisfaction de ses administrés, dont il s'est acquis l'estime.

Il organisa le service des subsistances d'une façon si intelligente, que son arrondissement a été cité souvent comme modèle, dans ces temps difficiles où la population était obligée à de longues et pénibles stations pour obtenir les vivres auxquels donnait droit la carte de famille.

M. Marmottan eut, avec ses collègues, la triste mission d'organiser les logements des régiments prussiens qui, pendant la courte et partielle occupation de Paris, étaient cantonnés à Passy.

Après le 18 mars, et pendant qu'il était absent de Paris, le docteur Marmottan fut nommé membre de la Commune ; ses concurrents étaient Félix Pyat et Victor Hugo. Il considéra son élection comme une protestation contre les tendances de la Commune et refusa de siéger à l'Hôtel-de-Ville.

Les électeurs du quartier des Bassins, approuvant la détermination de leur mandataire, l'ont nommé leur représentant au Conseil municipal qui l'a élu l'un de ses quatre secrétaires.

RAYNAL

(SALOMON-JOSEPH)

Élu au 1ᵉʳ tour de scrutin, par 896 voix sur 1,176 votants.

Élève du lycée Bonaparte et lauréat de ce lycée, M. Raynal est né à Paris, le 28 novembre 1837.

Brun, le profil nettement accentué, la voix douce, d'un abord facile et sympathique, M. Raynal est membre du Consistoire israélite de Paris, et délégué cantonal pour l'instruction publique, au 17ᵉ arrondissement.

Successeur de M. de la Berthelière, M. Raynal était notaire depuis février 1867 et se contentait de bien gérer les intérêts de ses clients, sans s'occuper de politique, lorsque, le 6 septembre 1870, il fut nommé adjoint au maire de son arrondissement. Frappé le surlendemain d'une grave attaque de névrose, il dût se démettre de ces fonctions et fut transporté en Belgique.

Aussitôt rétabli, il se mit à la disposition de la délégation de Tours, qui le chargea d'une mission de patriotique bienfaisance auprès de nos malheureux soldats internés à Anvers.

De retour à Paris, il fut arrêté, le 22 mars, par ordre du Comité central, contre lequel il s'efforçait d'organiser la résistance, et remis en liberté sur l'intervention énergique de ses amis, non sans avoir couru de graves dangers.

La forte majorité obtenue par M. Raynal sur ses concurrents, au scrutin du 23 juillet, témoigne des vives et légitimes sympathies dont il est entouré dans son quartier.

M. Raynal siége au centre gauche dans le nouveau Conseil municipal, entre MM. Rigaut et Leclerc.

RIGAUT

(EUGÈNE)

Élu au 2° tour de scrutin par 150 voix
sur 460 votants.

Né à Vermand (Aisne), le 15 décembre 1835, et élevé en petit paysan, jusqu'à l'âge de dix ans; à seize ans, M. Rigaut devint élève avec bourse de l'École normale de Courbevoie, où il passa deux années, et, de là, fut envoyé, comme professeur, à Bergerac (Dordogne).

Après deux années d'enseignement, il visita successivement l'Angleterre, la Belgique, la Hollande et l'Allemagne, où il vécut de ses leçons.

Rentré en France, M. Rigaut ouvrit une école à Dunkerque, remplit dans cette ville les fonctions de pasteur protestant, et se maria avec une anglaise de grande famille.

Plus tard, il concourut à la fondation du *Courrier de Saint-Etienne*, de la *Méditerranée* de Marseille, et enfin du *Commerce* à Paris, sous le pseudonyme de Villeroy.

C'est à partir des élections générales de 1863 que son action politique s'est manifestée. Depuis cette époque il n'a cessé de travailler avec résolution à la chute de l'empire qu'il méprisait et haïssait.

La philosophie a été longtemps son étude de prédilection. Il l'a étudiée au point de vue humain, et ne relève que de l'école scientifique, ayant abandonné toute idée de révélation divine.

Sincèrement démocrate, il voit dans la République la consécration politique et sociale des principes de science, de justice et de liberté.

Aimant l'art oratoire, travaillant l'économie politique, les questions de jurisprudence et de législation ; il cultive aussi les beaux-arts et possède quelques collections anciennes ; des bronzes, et surtout des bas-reliefs sculptés remarquables.

Modeste garde national, membre de la commission d'enseignement communal ainsi que de celle de la garde nationale dans le XVIIe arrondissement ; il fut chargé pendant le siége d'élaborer un programme d'enseignement moral au point de vue de la réforme de nos écoles primaires.

En février, pressentant les événements qui allaient s'accomplir, Rigaut alla retrouver sa famille en Angleterre, profitant de ses loisirs forcés pour étudier et visiter les établissements d'instruction publique ; et a rapporté d'Angleterre d'excellentes notes sur les écoles britanniques.

On l'a dit *rouge*, puis *républicain conservateur*. C'est simplement un honnête homme, voulant ce qui est juste et bon.

M. Rigaut siége à gauche.

PUTEAUX

(LUCIEN)

Élu au 1er tour de scrutin, par 1,595 voix

Né le 24 janvier 1832, dans la maison qu'il habite, M. Puteaux appartient à une famille dont le nom jouit, aux Batignolles, d'une notoriété des plus honorables.

M. Louis Puteaux, le père du nouveau Conseiller, a été, en effet, un des principaux fondateurs de l'ancienne ville des Batignolles. On lui doit, en partie, la création de ce quartier qui est, aujourd'hui, l'un des plus importants de la zone annexée. Il y a ouvert et bâti des rues entières, édifié le théâtre et le vaste établissement occupé par l'école polonaise, en même temps qu'il construisait la rue Neuve-Vivienne, et plus de quarante maisons dans le riche quartier de la Madeleine, où il existe un passage qui porte son nom. En 1840, il traita avec M. Jaubert, alors ministre des travaux publics, pour la construction d'un quart du mur d'enceinte des fortifications de Paris, entre le parc de Neuilly et le canal de La Villette.

Ancien Conseiller municipal des Batignolles, M. Puteaux père est mort en 1864. Il a emporté les regrets de la population au milieu de laquelle s'était écoulée sa longue et laborieuse carrière. La presse fut unanime pour rendre un juste hommage à cet homme de bien qui avait eu pour devise : *Être utile.*

M. Lucien Puteaux, l'associé et le continuateur des travaux de son père, entouré de la sympathie et de l'estime générales, était tout désigné au choix des électeurs de son quartier.

Bachelier ès-lettres et ès-sciences, licencié en droit, M. Lucien Puteaux a fait ses études universitaires au collége Louis-le-Grand : Lauréat du grand concours en 1850, il a suivi concurremment (de 1851 à 1854) les cours de l'Ecole de droit et ceux de l'atelier d'architecture de M. Henri Labrouste.

Retiré des affaires depuis plusieurs années, il s'est consacré aux intérêts de son quartier.

Vice-président pendant dix ans, et aujourd'hui président élu de la Société municipale de Secours mutuels du XVIIe arrondissement ; membre de la délégation cantonale pour l'instruction publique et administrateur de la Caisse d'épargne, M. Lucien Puteaux a obtenu, à l'Exposition universelle de 1867, une médaille d'argent pour des plans de maisons ouvrières.

Il s'est également occupé de travaux littéraires ; a écrit dans divers journaux et revues, et est resté notamment le collaborateur des *Annales du génie civil*, publication scientifique très-estimée.

Nommé membre de l'ancien Conseil municipal de la ville de Paris, par décret en date du 27 novembre 1869, M. Puteaux, après le 4 septembre, s'engagea dans les compagnies de marche de la garde nationale, et fit partie, au mois de décembre, comme officier du 33e bataillon, de l'expédition de Neuilly-sur-Marne et du plateau d'Avron.

Resté à Paris pendant le temps de l'insurrection, il s'est élevé contre les actes du comité central, dans une réunion provoquée par un délégué de ce comité, et n'a cessé, jusqu'au dernier jour, de protester ouvertement contre la Commune.

GOUIN

(ERNEST)

Élu au 1ᵉʳ tour de scrutin.

Neveu de M. Alexandre Gouin, ancien ministre de Louis-Philippe, ex-sénateur et député, M. Ernest Gouin est né à Tours, en 1815.

Entré à l'École polytechnique en 1834, il passa les années 1838 et 1839 en Angleterre, étudiant les procédés de la haute fabrication métallurgique de ce pays. De retour en France, il fut ingénieur des chemins de fer de Saint-Germain et de Versailles, de 1840 à 1846.

A cette époque M. Gouin fonda à Paris et à Nantes, pour la construction de machines, de navires et pour entreprises de travaux publics, des établissements considérables, récompensés à toutes les expositions internationales. Aussi M. Gouin fut-il fait chevalier de la Légion-d'Honneur, à l'exposition de 1849, et officier à celle de Londres en 1862.

Actuellement vice-président de la chambre de commerce, il a été, de 1847 à 1853, président de la chambre syndicale des mécaniciens.

M. Gouin a prouvé qu'il comprenait que noblesse

industrielle oblige autant que de vieux parchemins ;
il était donc le Conseiller municipal tout naturellement désigné au choix des électeurs du quartier
dans lequel il est établi depuis plus de vingt-six ans.

Il avait, du reste, donné de larges preuves de ses
capacités administratives, alors que, de 1855 à
1860, il était membre du Conseil municipal de la
ville de Batignolles.

Lors de l'annexion, M. Gouin fut appelé à faire
partie de la Commission municipale de Paris, dont il
est resté membre pendant ces dix dernières années.

M. Gouin siége à droite dans le nouveau Conseil
municipal, et a été élu par ses collègues, et l'un des
premiers, membre de la Commission des finances.

CLÉMENCEAU

(EUGÈNE)

Élu au 1ᵉʳ tour de scrutin.

Le maire nommé du XVIIIᵉ arrondissement, le 4 septembre, est un jeune médecin bien connu des pauvres et des souffrants de son quartier.

Né à Mouilleron-en-Pareds (Vendée). le 28 septembre 1841, M. Clémenceau est le plus jeune membre du Conseil.

Il fit ses études à Nantes, vint, en 1865, à Paris, achever sa médecine, passa brillamment sa thèse : *Origines des éléments anatomiques*. et s'établit, en 1869, dans le quartier qui l'a élu.

M. Clémenceau est de cette pléiade de dévouements inconnus et obscurs qui n'ont pas les récompenses du ciel pour objectif, qui meurent à la tâche au milieu des épidémies, qui soulagent les malades aussi souvent de leur bourse que de leurs conseils, et qui, presque tous, se prennent à rêver, au milieu des affreuses souffrances qui les entourent, aux moyens de proscrire la misère et les afflictions morales et physiques qui en découlent, en faisant disparaître l'ignorance.

Aussi tenons-nous pour le docteur Clémenceau contre ses adversaires nombreux et puissants, et reconnaissons-nous qu'il était dans le vrai et la justice lorsque, dans sa circulaire du 28 octobre, il maintenait, malgré les rugissements de *l'Univers*, que le soin d'envoyer les enfants au catéchisme appartenait exclusivement à leurs parents, et que les chefs d'institution ou les maîtres d'école avaient le devoir de se refuser à cette tâche, qui, pour la plupart d'entre eux, devait entraîner un acte de honteuse hypocrisie et de lâche sujétion, ou de despotisme envers certains de leurs élèves.

C'est donc la doctrine de la séparation absolue de l'Eglise et de l'Etat que les électeurs de Paris ont entendu faire prévaloir par l'élection du maire du XVIIᵉ arrondissement, alors qu'ils l'envoyèrent siéger à l'Assemblée nationale par 95,144 voix. Il a toute la fermeté de caractère nécessaire pour plaider ardemment cette juste cause. Son sens politique est incontestable comme son inaltérable dévouement à la cause républicaine. Partisan d'une défense sérieuse de Paris, il a donné sa démission au lendemain du 31 octobre, et ses administrés l'ont réélu à une grande majorité.

M. Clémenceau fit partie de la réunion des députés et des maires, à la mairie du IIᵉ arrondissement, et, après avoir signé la déclaration collective conseillant de rester, et avoir fait, avec ses collègues, une dernière tentative de conciliation à Versailles, il donna sa démission de député.

Pendant le cours de ces négociations, il fut arrêté quelques heures, puis relâché, et, après leur avortement, se tint complétement à l'écart.

ARRAULT

(HENRI)

Élu au 1ᵉʳ tour du scrutin, par 1,600 voix.

Les idées qui nous viennent du cœur sont tou=
jours de bonnes idées : de celles-là, M. Arrault en a
eues, et beaucoup. L'armée lui doit le perfectionne=
ment des ambulances volantes.

Son dévouement, pendant le choléra de 1865, l'a
rendu très-populaire à Montmartre. La lutte soutenue par M. Arrault contre le trop célèbre préfet de
la Seine, M. Haussmann, à propos des eaux de la
Ville et du cimetière du Nord, sont encore dans toutes
les mémoires.

M. Arrault voulait, et il avait bien raison, que les
cimetières de Paris fussent fermés, et, comme malgré toutes les précautions qu'on pourrait prendre —
mais qu'on ne prend pas, — les cimetières seront
toujours des lieux pleins de dangers pour la santé
publique, il voudrait voir la crémation remplacer
l'enterrement. Entre la crémation et l'inhumation,
il n'y a que l'épaisseur d'un préjugé ; mais les
murailles des préjugés sont plus difficiles à percer
que celles des forteresses et les projectiles pleins de
la sagesse n'entameront pas de longtemps encore la
cuirasse du préjugé de la crémation.

Une des inspirations philanthropiques qui font le
plus d'honneur à M. Arrault, est l'idée de la neutralisation des ambulances sur les champs de bataille.

Un Suisse s'en était, sans vergogne, emparé ;

mais un illustre écrivain l'a, dans la lettre suivante, énergiquement revendiquée comme une idée française :

« Palaiseau, 25 juillet 1865.

« Mon ami, je vous félicite de la mesure qui vient
« d'être proposée à Genève et ratifiée par le gou-
« vernement français, relative à la neutralisation
« des ambulances. C'est une grande chose, une
« noble idée, et elle vient de vous, puisque vous
« êtes l'auteur de la brochure publiée en 1861, et
« que les articles de la convention internationale
« adoptée sont la répétition presque littérale des
« articles rédigés et proposés par vous.

« Votre bienfaisante idée, si bien exposée par
« vous et si clairement applicable, triomphe enfin
« et va faire le tour de l'Europe.

« Il est étrange que M. Dunant, de Genève, qui
« a eu le très-bon esprit de s'en faire le champion,
« ait commis l'inadvertance de s'en attribuer ou de
« s'en laisser attribuer l'initiative ; mais que vous
« importe, à vous, pourvu que la civilisation et
« l'humanité en fassent leur profit? Seulement, nous
« autres Français, nous tenons à bien savoir que
« c'est une idée française, et qu'elle a été émise par
« un homme qui a consacré sa fortune et sa vie à
« l'amélioration du sort des blessés sur le champ de
« bataille.

« C'est pourquoi je vous écris ceci par la voie d'un
« journal qui se fera un devoir et un plaisir de con-
« naître et de dire la vérité.

« GEORGE SAND. »

M. Arrault est né à Joigny, en 1804.

O. C.

— 140 —

XVIII° arrondissement.   Quartier de la Goutte—d'Or.

VAUTHIER

(LOUIS-LÉGER)

Élu au 3° tour de scrutin.

Fils d'un ingénieur en chef des ponts et chaussées fort distingué, M. Vauthier est né, le 6 avril 1815, à Bergerac (Dordogne).

Il fut admis en 1834, dans les premiers rangs, à l'école polytechnique et en sortit en 1836, le quatrième de sa promotion, pour entrer à l'école des ponts et chaussées, dont il sortit après deux ans d'études au lieu de trois, durée ordinaire.

En 1839, il se rendit au Brésil, où il dirigea les travaux de route et de construction dans la province de Fernambouc. De retour en France, en 1846, il occupa divers postes dans le Morbihan et le Cher et fut envoyé par ce département à l'Assemblée nationale, en 1849.

Compromis dans le mouvement du 13 juin et pris aux Arts-et-Métiers, il comparut en octobre devant la haute cour de Versailles, fut du petit nombre d'accusés qui consentirent à répondre et fut condamné à la déportation.

Détenu successivement à Doullens et à Belle-Isle, transféré à Sainte-Pélagie, en 1852, il fut élargi en 1855 et s'exila.

Chargé de différents travaux en Espagne et en Suisse, M. Vauthier revint se fixer à Paris, en 1861, et, ennemi déclaré du gouvernement impérial, se contenta de demeurer ingénieur civil.

Après le 4 septembre, il fut élu chef de bataillon par le 125°; démissionnaire et réélu, après le 31 octobre, il donna définitivement sa démission aux débuts de la Commune et fut envoyé au Conseil municipal par les électeurs du quartier qui l'avaient vu à l'œuvre, à leur tête, pendant le siége.

Républicain radical ayant fait ses preuves, M. Vauthier siége à gauche.

Avant, pendant et après sa détention, il s'est occupé de diverses publications scientifiques et littéraires, dont quelques-unes parurent dans le *Magasin Pittoresque*, et a écrit plusieurs brochures d'économie politique, entre autres : *De l'Impôt progressif*, et un *livre classique pour les conducteurs des ponts et chaussées*.

CANTAGREL

(FRANÇOIS-JEAN)

Élu au 2ᵉ tour de scrutin par 654 voix
sur 1,199 votants.

M. Cantagrel est âgé de 61 ans, il est né à Amboise. Ayant fait d'excellentes études, il se destina au barreau et se fit recevoir avocat. Puis, le champ que lui offrait la province ne lui paraissant pas assez vaste pour ses aspirations, il vint à Paris. Il collabora à plusieurs journaux, notamment à l'*Artiste*. C'était l'époque où les doctrines de Fourier séduisaient et entraînaient les jeunes imaginations : il entra à la *Phalange* et à la *Démocratie Pacifique*. En 1841, il publia le *Fou du Palais-Royal*, satyre dialoguée dans laquelle il s'attache à démontrer qu'il est possible de rebâtir les villes, de transformer chacune d'elles en un seul ménage sociétaire; enfin, de réaliser toutes les merveilles du monde harmonieux rêvé par Fourier.

En 1841, il publia *Mettray* et *Oswald*, études sur ces deux colonies agricoles. Ses travaux sur l'agriculture furent en outre très-remarqués. En mai 1849, il fut élu à la législative par le département du Loir-et-Cher, le quatrième sur la liste, par 24,226 voix. Il avait prononcé de remarquables discours dans les banquets socialistes, et ses discours avaient été très-applaudis. Lorsque Ledru-Rollin appela la population aux armes pour la défense de la Constitution, le 13 juin 1849, M. Cantagrel fut un des premiers à suivre le courageux tribun.

Pousuivi, il parvint à s'échapper et resta long-

temps à l'étranger, et fonda en Suisse un journal.
Lorsque l'amnistie (1859) lui permit de rentrer en
France, il se tint à l'écart des affaires politiques, et
il s'occupa activement de l'industrie du gaz.

En 1863, il se représentait dans la première circonscription du Loir-et-Cher et retrouvait 5,200
voix, c'est-à-dire environ la moitié de ses électeurs
de 1848 qu'un silence de quatorze ans n'avait pu
détourner.

A la même époque, il posait, à Paris, une candidature de protestation contre Darimon, en qui il n'a-
vait qu'une médiocre confiance.

En 1869, il se porta candidat dans la septième
circonscription, en face de Jules Favre et de Rochefort, mais il se désista en faveur du dernier,
comme quelques temps après, il lui donna son appui
dans la première circonscription.

Après avoir brièvement esquissé l'homme politique et le socialiste, nous présentons au lecteur
M. Cantagrel comme homme et comme orateur.

D'une taille élevée, il paraît avoir la cinquan-
taine; sur des épaules larges et carrément accusées,
pose une tête remarquable, à laquelle une longue
barbe et de cheveux grisonnants donnent un aspect
patriarcal et cependant énergique.

La voix est forte, bien que d'un timbre un peu
féminin. Le regard exprime, à l'état habituel, une
certaine douceur, une fixité calme; mais, au choc
d'une discussion sur l'un de ses sujets favoris, l'œil
s'éclaire et prouve que, sous cette apparente placi-
dité, existe une conviction faite et désormais inébranlable.

M. Cantagrel siége à gauche.

RICHARD

(FÉLIX)

Élu au 2ᵉ tour de scrutin.

Petit, brun, grisonnant, à l'œil scrutateur, M. Richard est né à Lyon, le 1ᵉʳ février 1809. Il fit ses études commerciales dans sa ville natale et tout jeune entra dans la fabrication des instruments de précision.

Combattant de 1830, il fut capitaine de la garde nationale de Lyon en 1848, et condamné à la déportation, dût fuir de cette ville après le coup d'Etat du 2 décembre et vint se réfugier à Paris sous un faux nom.

Il s'établit bientôt dans la capitale et, comme à Lyon, ses produits méritèrent, par leur perfection, de nombreuses récompenses aux expositions locales, universelles et internationales.

Irréconciliable avec l'empire comme avec toute monarchie, il prit une part des plus actives à toutes les élections radicales dont sortirent Carnot, Gambetta, Rochefort, etc., et fut appelé, le 4 septembre, par Arago, à la mairie de l'arrondissement. Non maintenu aux élections de novembre, il ne reprit ses fonctions que le 24 mai dernier ; puis, préférant le mandat gratuit à la fonction, il se porta, comme républicain, candidat au Conseil municipal et fut élu par plus de 1,500 voix. Comme pendant toute sa vie, M. Richard, membre du *Cercle républicain national*, soutiendra au Conseil la nécessité de la responsabilité effective des fonctionnaires à tous les degrés, de la séparation de l'Eglise et de l'Etat, de l'instruction primaire gratuite et obligatoire, du service militaire obligatoire pour tous, et de toutes les libertés qui sont la conséquence du principe républicain.

ALLAIN-TARGÉ

(HENRY)

Élu au 1ᵉʳ tour de scrutin.

Fils d'un procureur-général du roi Louis-Philippe et gendre de Villemain, M. Allain-Targé, né à Angers, le 5 mai 1832, est un républicain que la réflexion et la pratique de la vie ont arraché aux idées monarchistes dans lesquelles on l'avait élevé.

Il fit son droit à Poitiers et débuta politiquement, comme avocat, dans la célèbre affaire de la Marianne, après le 2 décembre.

En 1860, il fut nommé substitut du procureur impérial à Angers ; mais, profondément écœuré de ce qu'il voyait, il donna sa démission au bout de dix-huit mois et vint se fixer à Paris, en 1863.

Il collabora au *Courrier du Dimanche* avec Paradol, Assolant, etc., et quitta ce journal lorsqu'il tourna à l'orléanisme, publia sur l'*Organisation de l'armée* une brochure dans laquelle il prévoyait la

guerre de 1870 et nos désastres, et une autre intitulée *Les Déficits*. En 1868, il écrivit à l'*Avenir national* et, avec Challemel-Lacour et Brisson, aujour-
d'hui député de la Seine, créa la *Revue politique*,
qui fut supprimée à la fin de cette même année.

Au 4 septembre, il fut nommé préfet de Maine-
et-Loire, puis opposé aux élections, lors des pour-
parlers pour l'armistice, donna sa démission (octobre 1870). La guerre ayant continué, il fut nommé
commissaire aux armées les deux mois suivants,
dans le corps du général Jaurès. La délégation de
Tours s'étant transportée à Bordeaux, M. Laurier
tomba subitement malade et M. Allain-Targé fut
choisi, par Gambetta, comme préfet dela Gironde.

Partisan de la défense à outrance, il tenta un dernier effort désespéré, puis, devant le vote du 8 février,
envoya sa démission en ces termes :

« Monsieur le ministre,

« Votre politique était la bonne, celle qui triomphe est celle qui mutile la France et la déshonore.

« Je vous prie de demander à votre successeur de
me donner un remplaçant le plus tôt possible. »

MALLET

(ALFRED)

Élu au 1er tour de scrutin.

M. Mallet est né à Lille, le 4 juillet 1813. Licencié ès-sciences physiques, fut nommé, en 1834, professeur de physique et de chimie au collége de Saint-Quentin. Cette même année, il institua spontanément dans cette ville un cours public et gratuit de chimie et de phisique appliqués à l'industrie. En 1836. le Conseil municipal le récompensa de son dévouement et de son désintéressement en lui décernant une médaille d'or.

En 1838, à l'instigation et avec la coopération de M. Mallet, se fonda à St-Quentin une Société industrielle et commerciale, dont il devint bientôt le président, et dont il demeura le membre le plus actif, jusqu'au jour où il quitta l'instruction, pour venir installer à Paris une fabrique de produits chimiques. M. Mallet obtint des médailles de 1re classe aux expositions universelles de 1855 et de 1862; et le 1er prix Montyon pour les arts insolubles.

Il est l'auteur de plusieurs articles estimés, du Dictionnaire des arts et manufactures, publié sous la direction de M. Ch. Laboulaye. De 1836 à 1865, il a fait paraître nombre d'articles sur l'application de la chimie et de la physique à l'industrie et à l'agriculture, dans le Guetteur de St-Quentin, l'Écho du Nord de Lille, et le Moniteur Industriel de Paris. Il a publié aussi, depuis quelques années, des articles politiques dans les deux premiers de ces journaux.

Depuis dix ans environ, M. Mallet est vice-président de la Chambre syndicale des produits chimiques; ut, pendant le siége, président de la commission unicipal provisoire du XIXe arrondissement.

. Mallet siége à gauche dans le Conseil municipal et est membre de la commission des finances.

BRALERET

(ADOLPHE-SÉBASTIEN)

**Élu au 1er tour de scrutin, par 1,400 voix.
sur 2,700 votants**

M. Braleret, est né à Velorcey (Haute-Saône), le 23 avril 1819 ; son père, cultivateur, fut pendant dix-huit années, maire de sa commune. M. Braleret, comme tous les enfants de nos campagnes, fréquenta l'école communale jusqu'à l'âge de treize ans. S'il ne fit pas de thèses latines et françaises, il soutint dignement celle du travail agricole. Pour un esprit aussi ardent, pour une nature indépendante de cette trempe, la modeste commune franc-comtoise n'offrait guère les moyens de se produire, même dans les limites d'une simple et légitime ambition. Il partit donc pour Paris, en 1842, avec la ferme résolution de ne pas marchander ses peines, afin d'arriver à se sortir d'affaire, il travailla dans quelques ateliers comme aide, et entra ensuite rue du Pressoir, comme garçon marchand de vins. Sa bienveillance, et surtout sa proverbiale obligeance, lui attirèrent les sympathies générales ; en 1845, il acheta la maison de son patron. Homme d'ordre et d'économie, excessivement sobre, qualité rare dans ce commerce, il vit bientôt son avenir assuré, et devint propriétaire.

Solution qui, rarement fait défaut à Paris aux travailleurs intelligents, laborieux et persistants. Jusque-là, rien ne le désignait aux suffrages de l'avenir, pour un mandat municipal. On naît républicain comme on est royaliste, M. Braleret était des premiers, il aimait le travail, cette qualité indispensable, il était obligeant, cette fraternité usuelle antipode de l'égoïsme. Dans un quartier populaire, quand on dit d'un citoyen : c'est un homme qui aime à rendre service, il est non-seulement estimé, mais aimé ; cette sympathie, il l'eut bien vite, son établissement fut fréquenté par divers groupes d'ouvriers intelligents qui, comme il est du devoir de tout bon citoyen, s'occupèrent de la chose publique. Ils reconnurent en M. Braleret un jugement droit, une conviction inébranlable dans les principes démocratiques, dévoué à sa foi, il y apportait toute l'activité de son âme et de sa personne, pour la République, on ne marchande jamais, sur ce point, M. Braleret a toujours été prêt.

Lors des fatales journées de décembre 1851, devant l'assassinat du droit, il ne put retenir un cri : *Vive la République!* Cette protestation indignée lui valut la déportation, rentré en France, M. Braleret, dans les limites restreintes que ce hideux régime permettait, consacra son activité au triomphe de sa foi. Dans tous les comités électoraux vous trouvez M. Braleret, c'était le devoir : il n'y a jamais failli.

Au 5 septembre 1870, il fut nommé maire du XXe arrondissement, fonction qui en temps ordinaire eut été un service, devenait en raison des circonstances un devoir non sans danger, la population de l'arrondissement sut apprécier son dévouement, sa haute bienveillance et son honnêteté, pas même soupçonnée dans un quartier de travailleurs.

Si l'égarement et l'effervescence bien naturelle des citoyens, après les douloureux événements d'octobre le forcèrent à se retirer, l'élection au conseil munipal est venue lui prouver qu'il avait toujours l'estime et la confiance de ses concitoyens. Sa conduite au conseil en a augmenté le nombre.

M. Braleret n'est ni orateur ni littérateur, mais le jugement, l'honnêteté et le dévouement entés sur un roc qui est la République.

MÉTIVIER

(LOUIS-AUGUSTE)

Élu au 3e tour de scrutin.

Né le 24 décembre 1827, à Henrichemont (Cher),
M. Métivier, après avoir fait ses études au collége
de Bourges, vint suivre, à Paris, les cours de la Faculté de Médecine.

Ancien interne des hôpitaux, après avoir passé
sa thèse, en 1859, il s'établit dans le quartier qui
l'a élu.

Ses opinions républicaines le tinrent à l'écart de
toute fonction ou distinction pendant l'Empire ; mais,
après le 4 septembre, il s'occupa des ambulances de
l'arrondissement et fut chirurgien du 30° bataillon.

Après le 31 octobre, il fut appelé, le 9 novembre à
faire partie de la commission municipale du XX°
arrondissement, le zèle et l'intelligence avec lesquels
il s'acquitta de cette tâche délicate et ardue engagè-
rent les électeurs à l'envoyer siéger au Conseil municipal.

TOPART

(PIERRE-HIPPOLYTE)

Élu au 2° tour de scrutin.

M. Topart, né à Paris, le 27 avril 1825, eut de bonne heure autant de goût pour le travail que pour l'étude; par ses propres efforts et en suivant assiduement des cours particuliers, il sut agrandir beaucoup l'instruction qu'il avait reçue.

Il eut bientôt fait son choix au milieu des nombreuses ressources que lui offrait l'étude de la technologie.

En 1857, il vint habiter le quartier de Charonne, alors commune rurale, annexée à Paris depuis onze ans.

En 1859, il y fonda un établissement de fabrication de perles, et dont les produits furent très-remarqués et distingués à l'Exposition.

Cette maison, remarquable pour l'ordre et l'organisation, occupe plus de cent ouvriers et ouvrières.

Appelé, pendant le siége allemand, à faire partie de la commission municipale du XX° arrondissement, dans les circonstances les plus critiques, il fut soutenu dans ces pénibles fonctions par la confiance publique et l'estime de ses collègues.

Avec le concours d'une douzaine d'hommes dé-

voués et capables, il organisa, dans le quartier de
Charonne, six ambulances municipales, consacrées
au traitement des militaires ou gardes nationaux
blessés.

Des souscriptions recueillies dans la population
du quartier suffirent à toutes les dépenses.

Pendant près de quatre mois, jusqu'au 14 février
1871, ces six ambulances reçurent environ 367 blessés et n'en perdirent que 15.

M. Topart en fut nommé l'administrateur en chef.

Son dévouement et son aptitude l'élevèrent constamment au-dessus des nombreuses fonctions auxquelles il fut appelé.

M. Topart est vice-président de la Société de
secours mutuels du XXe arrondissement, et l'un des
fondateurs de cette Société; il est membre des conseils d'administration de la Société d'encouragement
au bien, et de la Société libre de propagation de l'instruction et de l'éducation populaires.

Le sort et l'avenir des travailleurs sont l'objet de
ses études, de ses recherches et de sa constante pré-
occupation, et, à ce sujet, deux opuscules remarquables témoignent de sa sollicitude éclairée.

Sa devise est : Patriotisme toujours et avant tout,
travail et progrès au milieu de l'ordre et de la liberté.

Il tiendra honorablement sa place au sein du Conseil municipal de Paris, et il saura répondre à la
confiance de ses concitoyens.

ÉLECTIONS COMPLÉMENTAIRES

DES 26 NOVEMBRE ET 3 DÉCEMBRE

HÉRISSON

(ANNE-CHARLES)

Élu au 1er tour de scrutin.

M. Charles Hérisson est né à Surgy (Nièvre), le 12 Octobre 1831. Il appartient à une ancienne famille de ce pays, qui a laissé d'honorables souvenirs, soit dans la magistrature, soit dans l'administration. Son aïeul, Nicolas Hérisson, fut nommé le 30 Novembre 1783, bailli, juge civil et criminel de Saint-Fargeau, par le fameux Louis-Michel Lepelletier Saint-Fargeau, assasiné en 1793, et dont il avait été l'ami et le conseil.

Son père a exercé pendant soixante-six ans, les fonctions d'adjoint et de maire de la commune de Surgy, et il y est mort en 1869, encore en fonctions, à l'age de quatre-vingt-neuf ans, doyen des maires de la Nièvre, et propablement de la France.

Après avoir commencé, avec d'éclatants succès, ses études à Clamecy (Nièvre), M. Charles Hérisson vint les achever à Paris, au lycée Saint-Louis. Reçu avocat en 1853, la même année, il fut couronné comme lauréat de la Faculté de droit, et soutint brillamment sa thèse pour le doctorat en 1855.

Trois ans après, il devint avocat au conseil d'État et à la Cour de cassation.

M. Hérisson n'a pas borné ses travaux au seul

exercice de sa profession. Il a publé des articles de jurisprudence dans la *Revue pratique du Droit français*, et dans la *Revue critique de législation*. Pendant deux ans, il a dirigé le *Bulletin des Tribunaux*, journal très goûté par le conseil d'État et la Cour de cassation, et il a pris une part active à la rédaction du *Manuel électoral*.

Engagé dès sa jeunesse dans le parti démocratique il fut impliqué dans le procès des *treize*, à la suite duquel il fut condamné. Il avait été chaleureusement défendu par M⁰ Emmanuel Arago (1864).

Nommé maire provisoire du sixième arrondissement, le 5 septembre, au lendemain de l'avénement de la République, M. Hérisson a accepté les fonctions d'adjoint à la mairie de Paris, le 14 octobre suivant, fonctions qu'il a exercées en même temps que celles de maire du même arrondissement, auxquelles il fut appelé de nouveau, le 5 novembre 1870, par le suffrage de ses concitoyens.

Le 18 Mars arrive, M. Hérisson refuse énergiquement de reconnaître l'autorité du comité central et fut expulsé par la violence de la mairie du VI⁰ arrondissement.

Le chef du pouvoir exécutif le nomma, le 26 mars, préfet de la Marne, mais M. Hérisson refusa, et le 23 mai rentré en possession de la mairie, il publia une proclamation, toute républicaine, faisant appel à l'union et à la concorde.

Quand fût votée la loi qui conférait au président la nomination des maires de Paris, et réduisait ceux-ci à l'état de simples officiers de l'État civil, M. Hérisson envoya sa démission et se porta candidat au Conseil municipal. On a pu voir, en lisant l'article Bréton (page 51), combien peu s'en fallut que l'échec fut un succès. — M. Hérisson est un républicain convaincu, qui a fait ses preuves, et siége naturellement à gauche.

CADET

(AUGUSTE)

Élu au 2ᵉ tour de scrutin

M. Cadet, né à Henrichemont, arrondissement de Sancerre, le 23 mars 1821, est un républicain de vieille date, qui, sans chercher à mettre sa personnalité en relief, s'est toujours dévoué à la défense de ses convictions politiques.

Fils d'un propriétaire et marchand de bois, il fit ses études au collége de Bourges; se destinant à l'exercice de la pharmacie, il y fit une partie de son stage, et vint à Paris en 1841. Pendant son séjour à Paris, il eut occasion de se lier intimement avec quelques-uns des hommes politiques de cette époque, et prit avec eux une part active au mouvement politique de 1841 à 1847.

Il revint alors dans son pays où, muni de ses diplômes, il fonda une pharmacie, et s'acquit en peu de temps l'estime et l'amitié de ses concitoyens. A la révolution de février, il proclama la République dès le premier jour, et forma un comite pour préparer les élections et faire comprendre à ses compatriotes les avantages du gouvernement républicain qu'il vint défendre à Paris aux journées de juin.

Plus tard, il combattit de toutes ses forces la candidature de Louis-Napoléon, et soutint celle de Ledru-Rollin. Il fonda vers la même époque une société de secours mutuels, qui rendit les plus grands services pendant le choléra, en allant porter des secours et des soins aux malades, et en se chargeant de l'ensevelissement des morts. Cette société fut dissoute en avril 1851. M. Cadet, porté d'abord pour la décoration par le docteur Cambournac, fut poursuivi en sa qualité de président de la dite société. Et quand arriva le coup d'Etat, ce fut grâce aux sympathies de ses concitoyens et à l'attitude de la population qu'il put échapper aux hussards et aux gendarmes envoyés pour l'arrêter. Il passa en Angleterre, et résida à Londres jusqu'en 1857. A ce moment, il fut obligé de ramener en France sa femme, atteinte de phthisie. Il revint alors à la pharmacie, qu'il exerça avec quelque succès, et il dirige aujourd'hui une des plus importantes maisons de Paris dans le commerce de la brasserie.

Requis pendant le siège pour organiser les ambulances du XIᵉ arrondissement, ces ambulances furent citées comme modèle par les premiers médecins de Paris, à Champigny, à Villiers, à Bondy, à Montretout, où il faillit être tué ; à la tête de ses infirmiers, M. Cadet se porta partout au premier rang. Après le siège, il reprit la direction de ses affaires ; mais les électeurs du XIᵉ arrondissement, se sont souvenus de son activité, de son zèle et de son dévouement et sont venus le chercher et lui offrir la candidature au Conseil municipal ; l'éclatant succès qu'il a obtenu 1,200 voix de majorité nous dispense de tout commentaire. Nous dirons seulement pour terminer que c'est une voix de plus acquise à la défense des institutions républicaines et de l'éducation laïque.

THULIÉ

(HENRY)

Élu au 1er tour de scrutin

Né à Bordeaux, le 30 juillet 1832, M. Thulié, après avoir fait ses études dans sa ville natale, vint, en 1854, suivre les cours de la faculté de médecine de Paris. Interne à l'hôpital de Charenton, il s'occupa exclusivement de la question des aliénés, et en 1863 passa brillamment sa thèse *sur les délires aigus*. Il a publié un volume fort estimé sur *la loi de 1838*, et une brochure : *La Manie raisonnante*, critique du livre de M. Campagne, sous le même titre. Ennemi déclaré du système impérial, M. Thulié a pris part à toutes les campagnes électorales de l'opposition, et collaboré au *Réalisme* et à la *Pensée nouvelle*.

Chirurgien major du 38e bataillon, compagnie de marche, M. Thulié fut cité à l'ordre du jour et décoré de la médaille militaire, pour avoir, le 25 décembre, au pont de Bezons, été chercher un blessé sous le feu de l'ennemi. Il était allé rejoindre sa famille à Bordeaux, l'orsqu'arriva le 18 mars. De retour à Paris dans les derniers jours de mai; et désireux d'être utile dans son arrondissement, le plus éprouvé par les deux bombardements, M. Thulié accepta les fonctions d'adjoint au maire. Puis voulant éviter tout mal entendu et tout semblant de candidature officielle, il donna sa démission, l'orsqu'aux instances des électeurs, il se porta, comme républicain radical, candidat au Conseil municipal, en remplacement de M. Blanche démissionnaire.

DUPUY

(LÉOPOLD)

Élu au 2ᵉ tour de scrutin le 30 juillet 1871, par
275 voix sur 649 votants

(PREMIÈRE ÉLECTION ANNULÉE POUR VICE DE FORME)

Réélu au 1ᵉʳ tour de scrutin le 26 novembre
1871, par 300 voix sur 501 votants

M. Dupuy est né le 30 mars 1832, à Paris dans la maison qu'il habite. Sorti de l'école Centrale des arts et manufactures en 1852, avec le premier diplôme d'ingénieur métallurgiste, il fut de suite employé sous les ordres de l'ingénieur Pelonceau à des études de locomotives pour le chemin de fer d'Orléans, puis sous la direction de M. Eug. Flachat, à la préparation des projets de ponts métalliques pour la ligne d'Auteuil.

En 1853, M. Dupuy fut envoyé à Bordeaux par la compagnie du Midi. Il y créa plusieurs services et s'occupa particulièrement de la construction du matériel. Le premier réseau achevé, M. Dupuy se retira pour collaborer avec M. Fritz-Sollier, au développement d'une manufacture de caoutchouc artificiel, produit de l'action de l'acide azotique sur certaines huiles végétales. Après la mort de son associé, il abandonna la chimie industrielle, pour se consacrer à la construction des chemins de fer. Il étudia, au point de vue de l'entreprise, la traversée des Pyrénées; mais la guerre d'Italie (1859) ayant fait ajourner la construction de cette partie du chemin du Nord de l'Espagne, M. Dupuy vint offrir ses services à la compagnie du Midi, qui n'hésita pas à lui confier ses travaux les plus difficiles, parmi lesquels le beau pont de l'insaguel sur la Garonne, à 12 kilomètres en amont de Toulouse, et le pont international sur la Bidassoa qui devait réaliser le mot de Louis XIV : plus de Pyrénées.

Rentré à Paris depuis 1865, M. Dupuy voulut continuer la tradition de sa famille. Il remplaça, pendant deux ans, son père dans ses fonctions d'administrateur du bureau de bienfaisance du XIXᵉ arrondissement.

Pendant la guerre, M. Dupuy se fit remarquer par son patriotisme. Au lendemain de Sedan, il offrit gratuitement ses services au gouvernement de la défense nationale. Il ne craignit pas d'engager sa fortune pour fonder et organiser avec le concours de M. Jules Flachat, et de quelques ingénieurs de ses amis, la compagnie des Mineurs volontaires qui, par décret du 22 septembre 1870, devint en s'étendant le corps du Génie volontaire, placé sous la haute administration de M. Dorian, ministre des travaux publics pendant le siége de Paris. Major du Génie volontaire, chargé du recrutement et de l'administration du corps qu'il commandait en second, M. Dupuy s'entoura d'ingénieurs civils qui, à son exemple, servirent leur pays sans rétribution, et surent communiquer par leur présence continuelle aux avant-postes les sentiments du plus brave patriotisme aux trois mille ouvriers libres qu'ils maintenaient ainsi au travail sous le feu de l'ennemi, au plateau d'Avron, sur la ligne des forts et dans les forts bombardés depuis Aubervilliers jusqu'à Saint-Maur, aussi bien que sur les champs de bataille à Champigny et au Drancy.

M. Dupuy est membre fondateur de la société des ingénieurs civils et membre titulaire de la société philomathique de Bordeaux.

M. Dupuy vote avec la gauche.

NADAUD

(MARTIN)

Élu au 1er tour de scrutin.

M. Nadaud, né à Lamartinesche, (Creuse), en 1815,
vint à Paris en 1830, pour y exercer son état d'ouvrier maçon, et fut un des adeptes des doctrines de
Cabet. Il présida, après la révolution de 1848, le
club des habitants de la Creuse, à Paris. Aux élections
de mai 1849, il fut envoyé par ses compatriotes à
l'Assemblée législative. Il travaillait alors à la mairie
du X11° arrondissement, et n'abandonna son écha-
faudage que le jour de l'installation des représentants Pendant cette session, il passa rapidement dans
les rangs des partisans de Proudhon et vota avec la
Montagne. Il aborda même la tribune, et son nom a
été attaché à la proposition vivement combattue par
la droite, de la modification de l'article 1781 du code
civil.

Cet article ainsi conçu : *Le maître est cru sur
son affirmation, pour la quotité des gages ; pour
le payement du salaire de l'année échue, et pour
les à comptes donnés pour l'année courante*, n'a
« été abrogé que par la loi du 2 août 1868.

Après le 2 Décembre, M. Nadaud fut expulsé de
France et se réfugia à Londres, où il devint instituteur. En 1869, M. Nadaud déclina la candidature
qui lui fut offerte dans la Creuse.

LES

CONSEILLERS CANTONAUX

DES ARRONDISSEMENTS

de Saint-Denis et de Sceaux

ÉLECTIONS DES 8 ET 15 OCTOBRE 1871

1872

BÉCLARD

(JULES)

Élu au 2ᵉ tour de scrutin par 1,400 voix.

Fils du célèbre anatomiste (né à Angers en 1785 et mort en 1825), M. Béclard est né à Paris, le 17 décembre 1819.

Après avoir suivi les cours de la Faculté de médecine de Paris, il fut reçu, docteur en 1842, et, en 1845, nommé agrégé pour la chaire d'anatomie, chevalier de la Légion-d'Honneur; depuis 1858, M. Béclard a collaboré à de nombreuses publications spéciales, entre autres au *Dictionnaire des sciences médicales*, et a traduit, avec le docteur Sée, les *Éléments d'histologie humaine* du docteur allemand Kalliker. On a, de plus, de M. Béclard : *le Système cartilagineux*, *Hygiène de la première enfance* (1852), *Traité élémentaire de la physiologie humaine* (six éditions successives, 1870) et une édition augmentée des *Éléments d'anatomie générale*, de son père. Membre et secrétaire de l'Académie de médecine depuis 1860, officier de la Légion-d'Honneur (1867). M. Béclard a fait, à l'Académie, les éloges des membres décédés depuis 1860.

CODUR

(JEAN-BAPTISTE)

Élu au 2ᵉ tour de scrutin, par 2705 voix, sur 4100 votants.

D'un physique sympathique, respirant l'intelligence et l'énergie, M. Codur est né à Forcalquier (Basses-Alpes), le 8 mai 1829.

Après avoir fait ses études classiques, il entra, à l'âge de dix-huit ans, dans l'industrie, et y resta jusqu'en 1854, époque à laquelle il occupa le poste de chef de service dans la Compagnie d'Orléans, qu'il quitta en 1860.

M. Codur se fit alors entrepreneur de travaux publics.

M. Codur a fait de grands travaux de chemins de fer et ouvrages d'art, dont plusieurs d'une grande importance et très-difficiles, (entre autres le grand *viaduc sur la Creuse*, de 72 mètres d'élévation, qui a été exposé en 1867, etc.); pour les Compagnies d'Orléans et de Paris-Lyon-Méditerranée; divers canaux dans le centre de la France, notamment celui des Hautes-Alpes, qui présentait de grandes difficultés et où se trouve un souterrain de 3,600 mètres de longueur et de 120 mètres de profondeur. M. Codur a été appelé à différentes reprises pour terminer des travaux difficiles que d'autres entrepreneurs avaient abandonnés.

Vif, mais juste et impartial, administrateur distingué sachant se gagner la confiance du public, actif et ayant une grande connaissance pratique des travaux de chemins de fer et canaux, M. Codur est appelé à rendre de grands services dans le Conseil général.

Il n'avait jamais voulu faire partie de l'Administration, ne voulant tenir une fonction que du suffrage universel.

Aussi les habitants de Levallois-Perret l'ont-ils successivement élu : Conseiller municipal, le 7 août 1870 ; adjoint, le 10 septembre 1870 ; et maire de leur commune, le 17 novembre 1870.

HOUDART

(SAMUEL-VICTOR)

Élu au 2ᵉ tour de scrutin.

Grand, fort, la carrure et le port de l'homme habitué à vivre au milieu des champs, la figure souriante et pleine de santé, M. Houdart est né à Montreuil (Seine), le 7 juillet 1812.

Elève intelligent, il voulut approfondir (et il eut raison) ce vers de Virgile :

« O fortunatos nimium, sua si bona norint,
« Agricolas! »

Il devint donc agriculteur.

Quand on demande à un habitant de Drancy s'il connaît M. Houdart. — « Je crois bien, répond-il, c'est un bien digne homme, allez! Voilà trente ans qu'il est notre maire, et nous l'aimons tous, car il se mettrait en quatre pour nous obliger. »

Nous pouvons ajouter que M. Houdart, si connu dans tout le canton de Pantin pour son intelligence pratique, son activité et son dévouement, voulait abandonner la vie publique, mais les électeurs en ont décidé autrement, en prenant, eux-mêmes, l'initiative de sa candidature.

Depuis 1860, M. Houdart est chevalier de la Légion-d'Honneur, membre du Conseil général, président de la Commission de statistique agricole, membre de la Commission consultative d'agriculture et délégué cantonal pour l'instruction primaire.

HUNEBELLE

(JULES)

Élu au 2e tour de scrutin, par 9,894 voix, sur 9,635 votants

Plus connu sous le nom d'Hunebelle aîné, et fils d'une famille d'artisans qui comptait de nombreux enfants, dont la mère, très-âgée, vit encore, M. Hunebelle est né à Aire (Pas-de-Calais), le 2 novembre 1818.

En 1830, il allait à l'école primaire; les idées nouvelles lui inspirant un ardent désir de s'instruire, M. Hunebelle profita des écoles gratuites ouvertes dans sa ville natale et, en 1835, entra, au concours, à l'école de Châlons avec une demi-bourse du département.

Sa famille n'eût pu compléter l'autre demi-pension; M. Hunebelle redoubla donc de travail et, par son rang dans sa division, obtint la bourse entière, dès le premier semestre.

A sa sortie de l'école, en 1838, il dut penser à ne pas être à charge aux siens, et entra, comme ouvrier ajusteur, dans l'usine de Couillet, près Charleroi (Belgique).

Puis de retour en France, échappé à la conscription par son numéro, il fut employé sur les travaux du canal latéral à la Marne et de Meaux à Chalifert, de 1839 à 1842.

Alors la loi générale sur les chemins de fer, en France, vint ouvrir la carrière à son activité.

En 1843, il fut chargé des études d'une section du chemin de fer de Paris à Strasbourg, il trouva, en 1844, un commanditaire, et devint entrepreneur, sur cette même ligne, de plusieurs lots de travaux, notamment du souterrain de Chezy, difficile à construire. Il a continué, depuis cette époque, à exécuter des travaux de chemin de fer, et, par un travail persévérant et opiniâtre, en est arrivé à exécuter de nombreux kilomètres de voie ferrée, en France et à l'étranger.

Dès 1855, M. Hunebelle était devenu l'un de nos principaux entrepreneurs de travaux publics.

M. Hunebelle s'étant associé ses deux frères, ils ont construit ensemble, à Paris, les abattoirs de la Villette, le marché aux bestiaux; ils sont actuellement entrepreneurs des travaux des égouts de la ville de Paris, et, pendant le siége, ont exécuté les travaux de défense de toute la rive gauche de la Seine.

A mesure que sa situation s'améliorait, M. Hunebelle aidait sa nombreuse famille et répandait le bien autour de lui.

Ce fut pendant le siége surtout, comme maire de Clamart, avec tous ses administrés réfugiés à Paris, dans une de ses maisons, mise en entier à leur disposition, que M. Hunebelle montra comment il comprenait les devoirs de sa position, et ceux-ci, s'en souvenant, lui ont donné 589 voix sur 600 votants, et le canton de Sceaux 2,324 sur 2,635 votants.

Se rappelant ses laborieux débuts, l'instruction reçue gratuitement et désirant créer l'émulation de l'instruction parmi les jeunes gens de sa ville natale, M. Hunebelle a fondé une bourse perpétuelle à l'école de Châlons, pour les enfants d'Aire.

En 1855, cédant aux instances des habitants de Clamart, M. Hunnebelle consentit à prendre en main l'administration municipale, qui lui fut confirmée par diverses élections, jusqu'à ce jour.

Fils de ses œuvres, ayant l'amour du travail qu'il a toujours pratiqué, ce qu'il est avant tout, dans la vie politique, c'est patriote et libéral.

LESAGE

(ALFRED)

**Élu au 2e tour de scrutin, par 1,655 voix,
sur 3,121 votants.**

M. Lesage, né à Ayette (Pas-de-Calais), le 15 octobre 1827, est entré dans l'armée, en 1846, comme engagé volontaire, et fut envoyé en Afrique en 1850, à la suite des manifestations socialistes faites par la garnison de Paris, à propos des élections de MM. Carnot, Vidal, Deflotte, Eugène Sue, et de l'enlèvement des couronnes de la Bastille par le préfet de police Carlier.

Rentré en France en 1853, il est employé depuis lors aux chemins de fer de l'Ouest, où ses tendances ont trouvé encore le moyen de s'affirmer, il y a quelques années, par une brochure dans laquelle il déclarait faire partie de l'*Internationale*, et conviait les trois cent mille agents des chemins de fer français à se cotiser pour l'achat d'actions qui leur auraient bientôt donné la prédominance dans les conseils d'administration des Compagnies.

Malgré les avantages que M. Lesage promettait au public voyageur, aux actionnaires, et au gouvernement lui-même, ce dernier ne se laissa pas prendre à l'amorce, et le projet n'eut d'autre résultat que de mettre un instant en péril la position de son auteur.

Pendant l'existence éphémère du *Courrier français*, M. Lesage a été secrétaire de son conseil d'administration, dont faisaient partie MM. Chaudey et Paul Bethmont, et dont M. Charles Beslay était président. Il collaborait à ce journal sous divers pseudonymes, qu'on retrouve au bas d'articles publiés dans le *Courrier international*, la *Coopération*, le *Progrès du Nord*, etc.

M. Lesage semble se rattacher à une école qui rêve la conciliation du capital et du travail. Il est certainement républicain, et de plus socialiste. C'est à ce double titre que les comités républicains du canton de Courbevoie l'ont choisi pour Conseiller général.

— 171 —

Arrondissement de Saint-Denis.   Canton de Saint-Denis.

LITTRÉ

(MAXIMILIEN-PAUL-ÉMILE)

Élu au 3e tour de scrutin.

Nommé, par la délégation de Bordeaux, professeur d'histoire à l'École polytechnique, réorganisée dans cette ville, le philosophe Littré a fait sa première leçon le jour même où il atteignait sa soixante-dixième année.

M. Littré, né à Paris le 1er février 1801, a d'abord étudié la médecine et la physiologie. Entraîné ensuite par goût vers l'étude des langues, il est devenu non-seulement un de nos premiers philologues, mais en même temps un savant des plus érudits dans les principales branches des connaissances humaines.

Combattant de juillet 1830, il est resté, jusqu'à la mort violente du *National*, en 1851, un de ses rédacteurs les plus estimés.

Comme philosophe, M. Littré est plus particulièrement connu par sa chaleureuse adhésion et son incessante propagande en faveur de la doctrine *positiviste* d'Auguste Comte, dont cependant il s'est séparé sur plusieurs points importants.

Nommé membre de l'Institut, il a refusé la décoration de la Légion-d'Honneur, qui lui avait été offerte à cette occasion.

En 1844 il a été nommé, par l'Académie des inscriptions, membre de la commission chargée de continuer l'Histoire littéraire de France.

On lui doit, entre autres travaux, une traduction du livre du docteur Strauss : *La Vie de Jésus*, et beaucoup d'écrits sur la médecine.

Le 8 février, M. Littré fut nommé député de la Seine, le 33e sur la liste par 87,868 suffrages.

En 1848, M. Littré, croyant à l'avenir de la Révolution, avait accepté les fonctions municipales, mais bientôt désabusé, il donna sa démission, au mois d'octobre de la même année.

M. Littré a été un des principaux auteurs de la nouvelle édition du *Dictionnaire de Médecine*. Il a longtemps travaillé à la *Gazette médicale de Paris*, et, en 1839, il a fondé, avec M. Dezeinceris, le journal de médecine et de chirurgie, l'*Expérience*.

Citons encore de lui : *Histoire de la langue française* (1862, 2 vol. in-8°), simple recueil de quelques articles sur notre ancienne langue; puis, dans un autre ordre : *Annales de philosophie positive* (1859, in-8°), sorte d'évangile de la doctrine positiviste, dont M. Littré s'est constitué le défenseur, et *Auguste Comte et la Philosophie positive* (1863, in-8°); puis de nombreux articles de doctrine dans la *Revue positive*, fondée et dirigée par lui. Il a publié, en 1857, les *Œuvres complètes* d'Armand Carrel. — Son grand œuvre, en ce moment, c'est le *Dictionnaire étymologique de la langue française*. Ce bel ouvrage, qui promet à la langue française son vrai *thesaurus*, si longtemps attendu, n'empêcha pas, en 1863, à l'Académie française, de repousser l'auteur, dont M. Dupanloup venait de dénoncer publiquement les doctrines comme immorales et impies. Depuis, sa candidature a été proposée encore par les journaux, notamment en 1867, après la mort de M. de Barante, mais elle n'a plus été soutenue par lui-même, ni accueillie par l'Académie.

M. Sainte-Beuve a publié, à propos de l'injuste conduite de l'Académie envers le célèbre linguiste, une intéressante notice sur *M. Littré, sa vie et ses travaux*.

M. Littré a été élu vice-président du Conseil général.

POMPÉE

(PIERRE-PHILIBERT)

Élu au 1er tour de scrutin.

Fils de François Pompée, connu par ses travaux estimés sur l'ortographe, M. Pompée est né à Besançon, le 6 juin 1809. Il était apprenti à l'imprimerie du Collége de France, quand Gail, Boissonade et Brunoy lui conseillèrent de se donner à l'enseignement.

Ayant pris ses grades, M. Pompée fut nommé, en 1829, directeur de l'école municipale du cinquième arrondissement, et, dix ans plus tard, devint directeur du premier établissement d'enseignement professionnel de Paris : l'École Turgot.

L'un des fondateurs, en 1830, des associations polytechnique et philotechnique, dont les cours étaient destinés aux ouvriers, M. Pompée fut, en 1848, membre de la commission des hautes études, instituée par Carnot.

Secrétaire de la Société des Amis de la Constitution, il donna, au coup d'état, sa démission de directeur de l'École Turgot, et fonda, à Ivry-sur-Seine, un grand établissement d'enseignement préparatoire aux écoles agricoles, commerciales et industielles.

Maire de cette commune depuis 1870, chevalier de la Légion-d'Honneur, depuis 1846, M. Pompée a été promu officier en 1867.

M. Pompée a publié un *Mémoire sur l'organisation de l'enseignement professionnel en France*, auquel l'académie du Gard a décerné une médaille d'or, des études sur la vie et les travaux de J.-H. Pestalozzy, couronnées, en 1847, par l'académie des sciences morales.

SUEUR

(THÉOPHILE)

Élu au 1er tour de scrutin.

M. Sueur est né à Paris, le 24 juin 1820, et, après avoir fait ses études à l'institution Barbet, il entra, à l'âge de vingt ans, dans le commerce de la fabrication des cuirs vernis.

En 1860, il établit une usine à Montreuil (Seine), où il réside depuis cette époque. Les habitants de cette commune lui en ont confié l'administration municipale en 1866, et l'ont réélu aux dernières élections, en août 1870.

Le zèle et l'intelligence que M. Sueur a déployés dans l'accomplissement de son mandat ont spontanément décidé les électeurs du canton de Vincennes à envoyer siéger au Conseil général le maire de Montreuil.

—✦ FIN. ✦—

TABLE ALPHABÉTIQUE

* — Indique les Conseillers dont l'élection a été annulée.
CC — Indique les Conseillers généraux des arrondissements de Saint-Denis et de Sceaux.

ERRATUM. — Frémyn, page 61, dernière ligne, au lieu de *secrétaires* lisez *vice-présidents*.

1886. Paris. — Assoc. générale typogr., Faub.-St-Denis, 19 — Rodière et C⁰

www.ingramcontent.com/pod-product-compliance
Lightning Source LLC
Chambersburg PA
CBHW072146270326
41931CB00010B/1910